U0797867

好书精读 Master 15′

商业新闻出版公司和轻松读文化事业有限公司提供内容支持

创业要过的坎

轻松读大师项目部　编

中国盲文出版社

图书在版编目（CIP）数据

创业要过的坎：大字版 / 轻松读大师项目部编. —北京：中国盲文出版社，2018.5

ISBN 978-7-5002-8445-1

Ⅰ. ①创… Ⅱ. ①轻… Ⅲ. ①企业管理 Ⅳ. ①F272

中国版本图书馆 CIP 数据核字（2018）第 085107 号

本书由轻松读文化事业有限公司授权出版

创业要过的坎

编　　者：轻松读大师项目部
出版发行：中国盲文出版社
社　　址：北京市西城区太平街甲 6 号
邮政编码：100050
印　　刷：北京新华印刷有限公司
经　　销：新华书店
开　　本：787×1092　1/16
字　　数：78 千字
印　　张：12.75
版　　次：2018 年 5 月第 1 版　2018 年 5 月第 1 次印刷
书　　号：ISBN 978-7-5002-8445-1/F·200
定　　价：42.00 元
销售热线：（010）83190289　83190292　83190297

出版前言

数字文明为我们求知问道、拓展格局带来空前便利，同时也使我们深受信息过剩、知识爆炸的困扰。面对海量信息，闭目塞听、望洋兴叹固非良策，不分主次、照单全收更无可能。时代快速变化，竞争不断升级，要想克服本领恐慌，防止无知而盲、少知而迷，需尽可能将主流社会的最新智力成果内化于心、外化于行，如此才能更好地顺应时代，提高成功概率。为使读者精准快速地把握分散在万千书卷中的新理念、新策略、新创意、新方法，我们组织编写了这套“好书精读丛书”。

这套书旨在帮助读者提高阅读质量和效率。我们依托海内外相关知识服务机构十多年的持续积累，博观约取，从经济管理、创业创新、投资理财、营销创意、人际沟通、名企分析等方面选取数百种与时俱进又经世致用的好书分类整合，凝练出版。它们或传播现代经管新知，或讲授实用营销技巧，或聚焦创新创业，或分析成功者要素组合，真知云集，灼见荟萃。期待这些凝聚着当代经济社会管理创新创意亮点的好书，能为提升您的学识见解和能力建设提供优质有效便捷的阅读资源。

聚焦对最新知识的深度加工和闪光点提炼是这套书的突出特点。每本书集中解读4种主题相关的代表性好书，以“要点整理”“5分钟摘要”“主题看板”“关键词解读”“轻松读大师”等栏目精炼呈现各书核心观点，崇真尚实，化繁为简，您可利用各种碎片化时间在赏心悦目中取其精髓。常读常新，明辨笃行，您一定会悟得更深更透，做得更好更快。

好书不厌百回读，熟读深思子自知。作为精准知识服务的一次尝试，我们期待能帮您开启高效率的阅读。让我们一起成长和超越！

目 录

很多企业的创办人发现自己被一个无法转手的企业套牢了。要避免这个难题，企业的创办人必须建立一个没有他们持续投入也能繁荣兴盛的企业。如果企业家想卖掉自己的企业，就必须得让这个企业有一个好卖相。

市场空白就是消费者的新渴望。企业的商机往往蕴藏在满足消费者的需求中。企业家只有采用全新的商业模式，并结合顾客的价值主张、整合关键流程和资源，才能把握住这个商机、抓住这个市场空白。

许多企业都会遇到成长无力的时候，在这个转折点上，企业家必须决定是否要对既有运营模式进行根本的变革，转型至全然不同的新核心业务。企业成功转型的关键是重定核心业务，而重定核心业务通常需要7个步骤。

如何让公司变成抢手货

Built to Sell

Creating a Business That Can
Thrive Without You

作者简介

约翰·瓦里罗（John Warrillow），毕业于皇后大学，集作家、演说家、企业家、投资家等多个身份于一身。他创建了4家公司，在2004年曾经尝试出售其中一家，却被告知这家公司太过于依赖他个人，对其他人而言并不具有任何价值。瓦里罗设法重新塑造这家公司，2008年这家公司被一家上市公司并购。瓦里罗设立了一家名为“奇瓦”的微型贷款网站（www.kiva.org），给发展中国家的企业提供贷款。

本文编译：黄玩

目　录

主题看板

有价值才能卖个好价钱

价钱不是问题，你创立的企业到底有没有价值才是问题。

很多企业的老板发现自己被一个无法转手的企业套牢了。要避免这个难题，企业的创办人必须建立一个没有他们也能繁荣兴盛的企业。如果想卖掉公司，你必须得让你的公司有一个好卖相。

创立公司之后再出售，从而获得大笔报酬的传奇故事，在创业风气兴盛的美国屡见不鲜，这让许多具有创业血液的人跃跃欲试。但是，能够成功出售企业的案例在美国不超过1%，并购者也是精明的生意人，他们必须确认物有所值才会出价。

企业家可以从瓦里罗打造“有价”公司的经验中学习——如何将公司转变为能够真正稳定获

利、吸引买主的企业。

企业家必须要找到或创造出值得购买的产品，评估市场与销售潜力，建立起一个足以获利的收支结构，让公司立于不败之地。然后，找到称职的销售人员，让产品能够顺利销售，展现短期的业绩并设立长期而稳定的企业发展目标。

对于经理人，企业家则应该开诚布公，并给予其适当的奖励，让他愿意留在公司内继续努力工作。

其实，不管要不要卖出公司，如果能够找到对的产品、建立坚实的团队，自然就能够创造出企业的价值，这个时候如果有好买主愿意出个好价钱，创业者自然可以待价而沽；如果前景看好，也可以继续投资，创造更大的经营格局，从而在市场中占据重要的地位。

5分钟摘要

让你的公司有一个好卖相

许多企业家发现他们制造了一个十分明显的难题——当他们想卖掉自己的企业去做其他事的时候，缺少了他们的企业就不值钱了。

当你的企业不须依赖你就可以运作时，它就拥有自己的生命，并成为能够出售的有价资产。要达到这种境界，通常需要经过以下8个步骤。

◎挑出正确产品。

◎建立现金周期。

◎雇用销售团队。

◎停售其他产品。

◎拟定长期奖励方案。

◎找到出色中介。

◎告知经理人。

◎ 接受买方出价。

许多企业创办人投身某项事业是因为他们热爱那个事业，因此他们可能会创立一家公司，以便充分发挥他们的才华。这样做完全正确，到最后还可能赚到钱，不过拥有一家完全仰仗你自身才华和个人付出的公司，却会带来一个个问题，尤其是你想卖掉这个公司的时候，这些问题会更加突出。比如，当你准备退休，想把自己经过多年努力而经营下来的公司换成现金的时候；当你需要一些现金创立新公司的时候；当你需要现金处理各种个人可能遭遇的财务问题的时候；当你想要有更多时间追求其他兴趣，希望减少每天亲自参与公司运营的时候……

如果状况确实如此，那么解决难题的关键就是重新架构你的企业，让它在没有你持续参与的情况下，也能够正常运转并且获利。换句话说，你必须打造一家不用靠你从头到尾监督所有事项、促成交易，自身也能运营的公司，你只是主要的推动者和撮合者。

关键思维

当一家服务性公司出售时，公司老板通常会先拿到一笔头款，余款则视未来几年是否实现绩效目标而定。这种方式被称为“收益外购法”，公司老板通常必须留任 3 年或是更长的时间才能拿到这笔钱。在这些年里会有很多状况发生，公司老板很难实现并购公司的绩效目标。在收益外购法的条件下，企业家等于拿自己公司的价值冒险。收益外购法总是让卖家大失所望，因为他们承担了绝大部分的风险，但如果成功了，最大的利益却是由并购公司取得。因此，当并购公司知道创办人等同于公司的时候，就会利用收益外购法的方式收购企业。

很多企业的老板发现自己被一家无法转手的企业套牢了。顾客要求和老板直接交易，老板就亲自为顾客提供服务，并由此加强了顾客对老板的依赖，然后一再持续相同的循环。一家完全依赖老板的企业是无法出售的，老板也因此被事业套牢了。

——约翰·瓦里罗

一　挑出正确产品

要打造一家离开你也能够繁荣兴盛的企业，第一个步骤就是从所销售的商品或服务中，找出一种不需要你亲自参与但仍然具有扩展潜力的产品。

真正可扩展的产品必须满足3项关键指标。

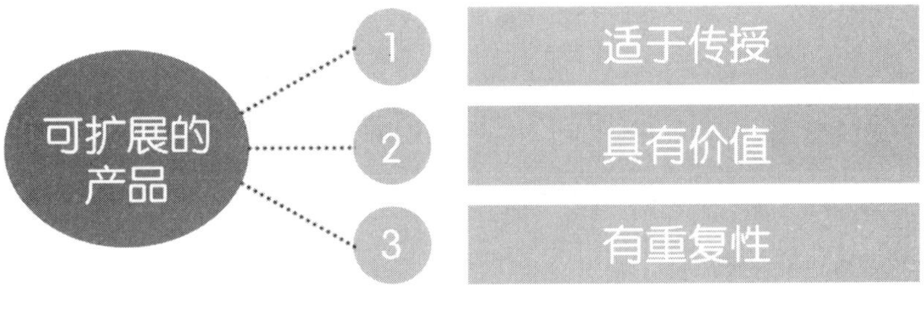

◎可扩展的产品是适于传授的。

你可以训练你的员工销售商品及服务，使你不是公司里唯一能给顾客提供商品及服务的人。

◎可扩展的产品是具有价值的。

顾客愿意付钱购买有价值的产品，因为它们

能够解决顾客的问题。

◎可扩展的产品是有重复性的。

顾客必须一再回来购买该产品。同时，你也不需要设立定制化的生产线，可以利用既有的生产设备和作业方式提供该产品。

你可以检视现有的营收模式，弄清楚自己目前提供的产品中，有哪些最能够符合这3项指标。要找到理想的产品，有时候会有些困难，因为当你深入挖掘的时候，或许会发现自己目前卖给顾客的产品，其中绝大多数都属于一次性的交易，或是适于传授却是顾客最不重视的产品。为了打造一个有出售价值的企业，你一定得找出一种符合这3项指标的理想产品。

下面以一家小型广告代理公司为例，阐释怎样挑出正确产品。该公司原有的营收模式为以下6种：①为客户创造新的销售活动；②制作广告素材，如宣传小册及商标等；③为客户整合广告方案；④购买报纸、广播和店面广告；⑤为客户的销售活动开发网站；⑥帮助客户提升在网络搜索引擎中的排名。

当公司老板坐下来分析自己的企业时，他发现自己公司最擅长的是为客户设计商标，并且在这方面做得相当好，原因是它在设计商标时，会遵循一套包含以下5个步骤的流程。

◎视觉化——用特殊的图案表现该产品。

◎拟人化——得出一些象征图示。

◎概念草图——把想法绘制成书面的草图。

◎输出稿件——提出新的商标选项。

◎最后定稿——新商标的全彩设计稿。

最后他们决定脱离原本无所不包的广告销售服务，专注于企业商标的开发设计，把它当做一项可扩展的产品。

在企业论及出售时，最能彰显企业价值的要素是可扩展的产品，而可扩展的产品大多都蕴藏在企业经常性的营收中。如果你能根据目前的运营状况，合理提出未来数年的营收目标，那么就表明你拥有一项可扩展的产品以及一份稳定的营收来源。

企业有以下 6 种经常性营收模式（依照买家重视的高低程度排序）。

1	合约	约定期限购买合约。例如无线通信公司利用赠送手机的方式让顾客同意绑约。
2	自动续约的订购	资料储存公司最擅长此道。你每个月都会收到自动寄发的储存账单，直到你将资料取回或销毁为止。
3	已有先期支出的持续性订购	彭博的终端机服务是一个好例子。你必须先向它购买或租用一套电脑终端设备，然后再订阅你所需要的资料。因为你已经投资了这套电脑终端设备，你更有可能持续订购相关资料。
4	持续性订购	杂志业精通这个模式。每年你都会收到续约的邀请，它的未来营收来源是可以量化的。
5	已有先期支出的消费性产品	人们已经花钱采用了你的平台，因此有持续使用的动机。剃须刀是最佳范例，因为顾客会不断购买。
6	消费性产品	例如牙膏或类似的产品。这些都是用完即丢的产品，因为顾客需要不断使用，所以也会定期购买，你可以追踪重复的频率。

如果你希望自己的企业对潜在买家具有价值，就必须用一种或多种营收来源量化公司未来的营收。理想的状况是拥有独特的商品或服务，并有可预测的未来经常性营收。

很多企业赚钱的方法是尽一切所能广泛经营各种业务。如果你不是什么都卖而是有所专长，将来你要出售的企业才会有更高的价值。如果你可以专注地把某件事做得非常出色，并雇用这个领域的专家，你的工作品质便会提高，也会让你从所有的竞争者中脱颖而出。

潜在买家都想把风险降到最低。如果他看到你未来营收有很大部分都依赖单一顾客，那么他是不会买单的。他们会想，如果你失去那个顾客，你就无法实现任何既定的业绩目标。他们也会因此降低对整个企业的评价。基于这项考量，你得确保没有任何单一顾客的营收比重超过15%。

二　建立现金周期

对于决定专心操作的可扩展的产品，你要创造正向的现金周期。这项工作唯一的务实之道，就是在成本产生之前先向顾客收取全额或部分费用。在交易一开始就向顾客收费是很多企业实行多年的商业惯例。

让你的宝贵产品可以在一开始就收费，是创造正向现金周期的首要工作，而实现这项目标的关键则是建立如下图所示的销售漏斗，然后不断努力把它填满。

首先，利用人口调查资料或其他可靠的资料，弄清楚你的目标市场规模有多大。接着，从你的目标市场中，研判每周实际上可以产生多少准顾客。然后根据你目前的经验，推算出在准顾客中会有多少人愿意听取销售说明并成为潜在顾客。最后，根据你到目前为止的经验，推算出潜在顾客的成功比率——有多少潜在顾客最后会成为买单的顾客。

例如，一家企业商标设计公司可以把合理范围内、年营收超过 100 万美元的公司视为目标客户。美国人口统计局网站的数据显示，在半径 160 公里范围内大约有 5.8 万家公司符合这项标准。如果以 2%的成交率计算，就有 1160 个潜在顾客。如果设计一个商标收费 1 万美元，其市场规模就为 1160 万美元。如果这种经营模式可以复制到其他区域，那么就美国来说，企业商标设计业务便可能有 1 亿美元的市场商机。

三　雇用销售团队

对某个想付钱收购你公司的人来说，他们必须知道你已经有一套能够对利润进行预测的销售制度。要出售公司，你必须引进业务人员，并且让他们在你没有直接参与和监督的状况下，仍然有能力创造利润。

◎当你雇用业务代表时，最好一次雇用两个而不是一个。

这是因为业务型的人都具有竞争的天性。如果你雇用两个人，他们就会试着超越对方——这是非常好的现象。同时有两个业务代表，你也能更明确地展现出自己的业务模式确实有扩展性，而不是只依靠某一个能干的业务代表在撑场面。

◎花点时间弄清楚有多少潜在顾客最后会与你进行交易。

这是一项所有买家都会热切关注的关键比率。因此，你首要的任务就是搜集正确的资料。当然，随着你专业能力的增强，你一定会提高这个比率，不过你还是要有一些基本数据才能开始。

◎雇用擅长销售商品而非服务的业务人员。

有一种业务人员会去弄清楚你的商品符合客户需求的最佳方式，而不是为了迎合客户要求将商品定制化。在早期，定制化可能太过昂贵，应该避免。

一般而言，企业的产品定位、销售模式发生改变时，都会对财务状况产生较大影响。当你正从通吃型公司转型为专业型公司时，切记在其中的某一个时间点，你的损益表会让你觉得目前的发展方向是错误的。这种状况是因为传统的一次性工作创造的营收已经被新的销售模式创造的营收所取代。这是预期中的事，所以当财会人员要求向你进行紧急汇报时，不要被吓到。持续关注现金流，只要你的银行账户还有钱，一切都会好转。新的营收来源必须得花上一点时间，才能为你的财务报表增色。

◎当你转型到某种标准化产品时，请不要在意你的损益表，即使这样做代表你和员工都必须放弃年度红利。

只要新的标准化产品销售能够持续创造稳健的现金流量，你的账目数字很快就会提升。

◎在你出售自己的公司之前，你必须拥有至少为期两年的财务报表，而且是依据你所采用的标准化产品模式所编制的。

◎当你从一家服务性的公司转型为一个以产品为导向、可扩展的企业时，请确认自己内部的用语也能反映出这种转变。

使用“顾客”的称呼，别再说“客户”；提到自己时，要说“公司”而不是“事务所”。这些看起来似乎是细枝末节的小事，但重点是要向买家传达信息，说明自己是产品开发及经销商，是一家货真价实的企业。

关键思维

当你的产品完成制造及包装时，如果你仍然担任主角，那么唯有在长期且高风险的收益外购法条件下，你才有可能卖掉公司。

——约翰·瓦里罗

四　停售其他产品

在准备出售企业所需的步骤中，最困难的一项就是拒绝过去的客户向你提出的购买需求，那些老客户会要求购买更多过去买过的产品——这些很有可能正是由你亲自提供的个性化商品和服务。如果未来你想要卖掉自己的公司，你就必须推掉这类工作。除了可扩展的产品之外，你要停止销售其他产品，即使那个产品销量从财务报表上看起来很不错。

听起来或许有点奇怪，不过你会发现，一旦你开始推掉那些不是你选择要专注的工作时，你会立刻变得更值得托付。不要做一个通才，你要变成所属领域中的专家，顾客才会对你更加尊重。人们会更乐意向他们的朋友描述你的所作所为。经过一段时间你会发现，随着你一一推掉一般性的提案，最后你终将靠着新产品赢得新的客户。

在打造一家不需要你仍然可以繁荣兴盛的企业时，制止自己接受扩展性产品以外的业务是最困难的。那些交易是十分诱人的，因为它们对你的营收和现金流大有助益。你的员工会试探你的决心，顾客也会要求例外的通融，你也会不只一次怀疑自己的决定。这些都是正常的，但你必须坚定地抗拒诱惑。

拒绝其他任务还有另一层意义——攸关未来的发展。为了让你的公司提升到不需由你亲自作出所有决定的阶段，你必须着手为新的标准化作业撰写一份详尽的指导手册，列出每一个步骤。

你的指导手册和作业流程一定会日臻完善，所以你并不需要在一开始就要求设计完美，不过你一定要把想到的一切都写下来，并且与你的员工分享。

别忘了，你必须运作这个新近聚焦的业务至

少两年的时间，以便产生潜在买家所需的财务报表。在这两年中，你能够也应该尽最大的努力测试新的运营模式。这是一个机会，让你可以就必要的一切事物建立书面化的经营流程，持续埋头苦干，专心致力于取得最大的成果。在这两年当中，有很多企业老板觉得自己的生活品质获得了极大提升——业务有进展、现金在流动、来自顾客的困扰也减少了。事实上，有许多老板非常喜欢这个阶段，甚至因此放弃了出售公司的计划，决定永久经营下去。

未来任何一个并购你公司的人，一定都会要求你拥有一支强大的经营团队。因此在这两年的时间内，另一个聚焦的领域便是培养一支强大的经营团队，他们在没有你每天插手业务的状况下，也可以良好运作。在开发作业流程指导手册的同时，你还要进行招募及训练经理人的工作，让他们带领企业向前迈进。

例如，一家广告公司决定转型成为设计商标

的专业公司，要将所有的经营业务转为设计和销售企业商标。为此，他们采取了下列行动。

◎停止接受这个专业领域以外的工作，并辞退了两名员工。

◎雇用两名业务代表，并训练他们如何销售公司的企业商标设计套装产品。

◎公司老板努力进行工作流程最佳化的调整，改善他们5个步骤的商标设计流程，即视觉化、拟人化、概念草图、输出稿件及最后定稿。作业流程指导手册就每一个步骤准备妥当，也依照公司里每个人都了解的标准开发完成了相关系统。

◎当销售团队逐渐掌握更多销售知识和经验之后，每位业务代表可以在每周就一位客户创造出1万美元的交易金额。这种状况让该公司在投入商标设计领域的前半年产生将近100万美元的销售额，因此公司决定雇用3名新的业务人员，以期完成250万美元的年度销售目标。

◎由于预期新的业务代表会提高业务量，团队又雇用了1名新的客户经理和1名新的设计师，以便处理预期会增加的工作。

◎建立由业务经理、设计主任和客户助理组成的3人经营团队。这支经营团队负责公司每天的例行工作，无需老板再额外插手。这表明老板会有更多时间与精力谋划如何推动公司向前迈进，而不是在公司里不分巨细地负责所有的经营项目。

因为这些决定和行动所发挥的作用，这家商标设计公司在第一年便创造了270万美元的营业额和49万美元的税前盈余。该公司将第二年的目标设定为500万美元的营业额和20％的税前获利率。根据目前的业务量，这家商标设计公司预测自己的营收可能在未来5年或是更快的时间内，达到1200万美元的水准。

关键思维

作为一位企业家，你的工作是雇用业务人员来销售你的商品和服务，好让你有时间销售你的公司。销售自家的产品可以让你赚钱，但是如果你运用同样的技巧销售自己的公司，你赚到的钱将远远超过此数。你拥有良好的销售技能，但是当你跑去销售商品或服务时，你就卖错了产品。

——史蒂夫·瓦金斯

五　拟定长期奖励方案

一旦你开始为自己成长中的企业打造一支经营团队，随之而来的问题是，该如何补偿及激励经理人并让他们尽力做到最好？答案是，拟定一套长期的奖励方案，让经理人在带动公司成长的同时也能赚到更多的钱。

你不要给新的经营团队股票。如果你给他们股票，只会徒然增加未来公司出售时的复杂度，并且还会稀释掉你的股权。你应该拟定一套长期的奖励方案，在他们超越你设定的目标时予以奖励：当公司的目标实现时，给经理人一笔定额的年度红利，这笔钱会在公司的财务年度结束之后的 30 天内支付；再拿出一笔相当于每位经理人年度红利的金额，存入为每位经理人设立的长期奖励账户。向经理人说明，在 3 年之后他们每年都可以从自己的账户提领余额的1/3。这种做法的用意是，让优秀的经理人在3年之后，每年都可以通过长期奖励账户拿到两倍额度的年度红利。

对于优秀的经理人而言，这项计划是他们未来继续留在公司的诱因。如果他们离职，就等于放弃了他们原本可以拿到手的一大笔钱。这种方式也让你有机会在出售企业时，可以选择一次性的特别付款方式，让经理人领走长期奖励计划账户的全部余额。它更让你有机会把出售企业所得的一部分分享给你的经营团队，以奖励他们的努力，同时也借此提高他们在企业卖掉后继续留下来的可能性，让企业得以持续运营。

经营团队的长期奖励和身为老板的你所得到的必须一样，这一点非常重要。如果他们的红利只取决于当年的利润，他们就不会热衷于建立自己在公司的长期价值。你当然希望你最有价值的员工对自己的工作进行长远的规划，而你的这种期望，只有在他们的长期奖励措施经过妥善设计后才可能实现。

关键思维

不要让你等同于你的公司。如果买家不确定公司能否在没有你掌控的状况下运作，他们就不会提出最好的条件。

——约翰·瓦里罗

六 找到出色中介

在两年内，如果公司能取得让人刮目相看的成就，并且拥有一套健全的财务制度，那么寻找某个机构帮你出售企业的时机就到了。你是否应该找中介，取决于你的年度营收。如果公司的营业额低于 200 万美元，那么最适合代表你的是企业买卖中介公司；如果营业额大于 200 万美元，那么你最好找一家优秀的专业并购事务所。

不论是找专业的并购事务所还是找企业买卖中介，寻找合作对象的最佳方式是询问其他曾经出售自己公司的企业家以获得推荐。绝大多数的中介都会比较专注于某个特定的行业，所以一开始最明显的对象很可能就是适合的中介。

你所找的中介或并购事务所，必须了解并重视你为改造自己的企业所做的努力。你需要让人了解你做了一件很特别的事，而且你的公司值更高的价钱。对于你所选择的中介，你最好不是他最大也不是最小的客户，你需要一个符合你企业规模的中介。

当你决定了中介人选之后，要准备好接受他们密集的询问，因为他们会为潜在买家建立一份“企业履历”或是设立一个“线上咨询室”。中介会相当密集地对你进行盘问，因为他们要弄清楚你的公司是否具有卖相。他们一般要了解以下7个问题。

◎你的销售周期是多长时间？

◎你目前拥有几位业务人员？

◎你的现金周期是多长时间？

◎你的顾客是谁？

◎你怎么做，才能知道顾客是否得到满足？

◎你的顾客隔多久会重复购买？

◎你的3年运营计划是什么？

中介一般会以成交金额的5%作为佣金，而

且在他们努力促成交易的 6 个月内，每个月还要收取 7000 美元或更高的中介费用。中介收取费用是为了确保老板是真的想出售他的企业，而并非只是一时兴起。

如果你接触的中介不但不收费，还立刻找到了一家完美的公司收购你的企业，你得非常谨慎小心了。当一切听起来过于美好时，可能是一个陷阱。通常在这种情况下，这位中介很可能和并购者有着某种关系，他想用你的公司作为巴结并购者的礼物。你应该确认是否还有其他竞争者想购买你的企业，千万别成为中介拿来向朋友示好的礼品。

七　告知经理人

在开始和中介合作寻找买主时，你就应该坦诚地把你的决定告知给经营团队。你必须告诉他们幕后有什么事情正在发生，这样你的行为才算具有诚信，而不是在偷偷摸摸搞秘密行动。他们必须密切参与，协助你开发3年的运营计划，这是任何潜在买家都会坚持要求的。你的经营团队将会是你公司的关键卖点，他们必须知道为什么有人向他们提出一些不寻常的试探性问题。

公司所有权将可能转移，自然会让他们产生某些疑虑，因此最好能确保最后完成交易时，会为他们带来一些好处。这些好处可能是升迁机会，也可能是成交红利。

比如，如果并购公司的规模比你所要出售的公司大很多，对他们来说这是职业生涯中难得的升迁机会。如果交易顺利完成，你可以在他们的长期奖励账户里存入一笔成交红利。让他们在任何方式的交易后至少能留任3年，这对新公司未来发展非常重要。

当你告诉经理人自己打算出售公司时，或许会有一两个人认为，这是他们独立创业、加入竞争的完美时机。他们可能认为你所做的不过是盯紧他们的工作时间，他们也一样能够自行创业。要避免出现这种状况，你必须建立一道“护城河”。这道“护城河”就是你在业界的优势，具体包括以下4个方面。

◎如果你负责主持行业集会，而且所有重要人物都会参加，那么一个新成立的公司是很难仿效你的——即使该公司能提供相同的服务。占据业界权威的地位，可以让你拥有更大的定价权力和施力点。如果你掌握了同业的集会，那么新进者至少要花上5年的时间，才可能完整复制你目前所有的一切。

◎ 同样，如果你掌握了业界的年度排名研究，新进者也很难跟你一较高下。

◎ 如果你负责统筹业界的年度颁奖计划，也等于拥有了真正的优势。

◎ 如果业界的标准是由你制订的，这种形势对新进者会是有效的进入障碍。

以上这些优势会抑制你的员工在你想要出售企业时自行创业。

关键思维

想远一点：撰写一份 3 年运营计划，描绘自己事业的可能景象。记住，那家并购你的公司拥有可以让你的企业加快成长的资源。

——约翰·瓦里罗

八　接受买方出价

通过实质审查程序后，你要把不具约束力的出价，转变成你能接受的真实交易。

1. 回答买方的询问

当你要求认真的买家出价的时候，你必须处理好以下两件事。

◎从一开始和中介碰面到随后接触潜在买家，你都必须保持企业不断成长并且完成预设的目标。这样做会让这段时间变得相当紧张，不过幸好你有一支稳健的经营团队，他们会经营企业并让它成长。

◎当你和潜在买家碰面时，必须保持头脑清醒。对于他们所提出的每个问题，都要先考虑他们出价的终极目标，然后再谨慎地回答。要持续做好这件事是相当有难度的。

潜在买家总是会以各种方式问你，“你为什么想卖掉自己的企业”，如果你回答“对公司经营已经感到厌倦，未来想多花点时间陪伴家人”，买家可能就会失去兴趣。买家真正想听的是，你认为公司未来一片光明，你需要他们的帮助以提升到更高的层次。他们还想听到的是，你计划要留下来，协助完成预定的成长目标。即使最后你并未留下也无妨。

了解这些之后，你会发现这个问题比较好的答案应该是，“我们对于目前所取得的成就感到非常骄傲。我们已经证明这样的模式可以在一个城市运作，而我们也确信未来它可以在很多地方运作。我个人目前所处的人生阶段，让我想把自己在企业上创造的全部价值中的一部分转化成一些流动性资金。所以我想找到一位伙伴，帮助我们在其他城市复制这个模式，并容许我分享未来的成长果实。”

你必须真心诚意地说出上面这段话，而不是

你在向某个潜在买家撒谎。潜在买家想听到的是，你是为了取得公司未来成长所需的资源才出售公司的，而且你也十分期待这个愿景能够实现。

买家理解企业家想要有一笔现金入袋为安的想法，但是没有人会买一艘船长想跑路、就快要沉没的船。他们必须感受到你看到了公司的前景，以及你热切地想利用他们拥有的资产。他们必须感受到你愿意留下来一段时间，协助他们扩大两家企业合并的综合效应。让这段转变期保持模糊是最好的做法。当你的公司被并购之后，你就变成并购者的员工，是否留下来也就取决于他们的决定了。

2. 评估意向书

如果幸运的话，最后可能有某个潜在买家会向你的中介提交正式的意向书，详列他们的出价内容。这个出价的内容很可能是在一开始先给你一笔固定的金额，然后当你完成 3 年运营计划中的营收和利润目标时，再给你另一笔固定的金额。

当你收到潜在买家的意向书时，别高兴得太早。首先，意向书是不具法律约束力的，买家可以随时毫无理由地取消交易。第二，买家可能会要求 60 到 90 天的实质审查，到时候会有一支由会计师和企管人员组成的团队到你的办公室，从你的经营模式中发掘出所有的弱点。有很多交易在实质审查期间破局，也有的买家会利用实质审查发现的结果，提出一个条件较苛刻的出价。你的任务就是在实质审查期间保持冷静，并尽可能以最好的角度呈现各项事实，同时也不能忘记专心管好你的经营团队。

在实质审查期间，为了保住现有利益，中介会积极说服你把公司卖掉。这是因为中介只有在交易完成时才能拿到佣金，同时也想借此提醒你，他们做了很多努力才走到目前这个阶段。因此，你不要被中介想完成交易的热情影响，对任何出价都要研究它本身的内容，再作出你的决定。决定前，你可以参考与这桩交易没有任何利益关系的人提供的想法和建议。当然，在你接受任何买家的出价之前，最重要的是先确定你自己想要的价钱。

如果交易条件是一开始支付部分金额，然后在你完成绩效目标时再给付另外一笔金额（即收益外购），你应把这笔附带给付当做分外之财，因为它可能不会兑现。虽然有个别收益外购最后对卖方有利，不过绝大多数都变成了一场噩梦。市场的状况不定，企业优先考虑的事项也随时在变化，所以你最后拿到钱的可能性实在不大。了解这种状况之后，对于买家的出价，你应该接受的就是那种一开始就满足你条件的出价。把收益外购当做意外之财，当状况不佳时就放弃吧。

3. 注意事项

在进行实质审查时，买家一般会关注以下事项。

◎ 你是否确实签好了相关生产设备的租约？

◎你是否为顾客和重要员工都备妥了最新合约？

◎公司是否有保存完善的专利、著作权或其他知识产权？

◎公司内部使用哪种软件？你的软件授权是否已更新？

◎在信用方面，有哪些贷款合约？

◎公司是否有会赖账的顾客或习惯延迟付款的厂商？

◎你的事业是否需要特许经营执照，各项证件是否齐备？

◎公司是否有悬而未决的诉讼案件？

◎你个人涉入公司经营的程度如何？公司是否能够在没有你的情况下成长？

◎对于公司的未来，你的经营团队是否认同你的愿景？

◎人们为何与你做生意，他们的忠诚度怎么样？

可以确定的是，实质审查小组会查出一些问题，它们可能是你已经忘掉或觉得不重要的事务。但这是并购者付钱让他们做的事，他们也和大家一样，只是替自己的收费项目找出正当的理由。所以当实质审查结束之后，原本的意向书很可能会打折扣。

例如，一家商标设计公司的创办人决定卖掉公司，他和一些重要顾问晤谈之后，便与中介见面。中介将一份关于该公司的报告资料，寄给大约 20 家和该公司有策略性合并效益的公司。在 1 个月之内，其中一家要求和业主见面。在会面之后，这位潜在买家带走了一堆机密资料，进行内部分析。6 个星期之后，他们提出了一份购买这家商标设计公司的意向书，并含有必须完成实质审查的附带条件。当时，这家商标设计公司处于运营的第二年，年度营收将稳健地超过 500 万美元，并且能够创造出超过 100 万美元的利润。并购的出价条件一开始是 600 万美元的头款，完成

3 年运营计划所预测的营收和利润目标时，加上 300 万美元的收益外购款。在为期两个月的实质审查程序后，出价被调整成 520 万美元的头款，而收益外购的部分则维持不变。卖家接受了调整后的出价，最终这项交易圆满完成。

关键思维

如果折扣后的出价仍然能满足你预期的价位，那么就放心地签约出售你的企业。如果折扣后的条件低于预期，不论并购者如何承诺帮助你拿到收益外购的金额，都放弃吧！当你接受修改后的出价，或是在实质审查结束时，都会进行一场结案会议。结案会议通常在并购者的法律事务所举行，那里是完成正式手续的地方。你会签署一大堆文件，一旦文件签署完毕，法律事务所就会从他们的账户给你支付应付款。至此，交易完成。

——约翰·瓦里罗

抓住市场空白

Seizing the White Space

Business Model Innovation for Growth and Renewal

作者简介

马克·约翰逊（Mark W. Johnson），毕业于哈佛商学院、哥伦比亚大学和美国海军学院。约翰逊曾任博思艾伦咨询公司顾问，现为创见管理顾问公司首席执行官，该公司由他和哈佛商学院教授克雷顿·克里斯汀生共同创立。他曾发表过多篇文章，包括《商业模式再创新》《启动环保科技经济》等。

本文编译：黄玩

目　录

主题看板

抓住市场空白

当科技日益进步、服务渐趋精致完善时，市场上是否还有等着被填满的空白地带？消费者是否还有更大的需求等待创新者想出解决方案呢？答案应该是肯定的。找出待填补的空白市场，是各领域的从业者追求成长，并在市场上展现差异化的最佳途径。

作为一个消费者，大家可曾想过为什么有些企业想要涉足新的市场、开发新的产品。例如，便利店里为何要卖现煮的咖啡？旅游业者为何要开发旅游平安保险市场？建筑业者为何进入餐饮、百货领域？为什么谷歌的服务不断多元化而且能屡战屡胜？

其实当企业家察觉到自己核心业务以外的商机时，自然就会发现所谓的市场空白。而这些企业家就是因为发现了消费者新的渴望和需求，并且采取全新的商业模式，结合了顾客价值主张、获利模式、关键流程和资源，才能把握住这个市场空白的商机。旅游业者发现游客在购买旅游产品后，必须通过其他渠道才能投保，所以公司直接提供旅游平安保险，解决游客购买不便的问题。建筑业者感受到消费者对精致生活的需求日益急迫，便兴建餐厅与商场来满足需求，即找出消费者心中尚待补足的市场空白，再掌握获利模式、关键流程和关键资源，建立适当的新商业模式。

市场空白未必存在于关联性市场，而是一个可以采用全新方式服务新顾客的机会。统一超商总经理徐重仁认为，当都市发展迈入国际化时，自然会吸引商务人士、观光客，咖啡是不可缺少的商品，而便利店面积有限，不可能使用大型昂贵的咖啡机。因此，他们要求厂商研发小型并能快速加热大量的水和牛奶的咖啡机，以满足大量客人的需求。用了3年时间，厂商才研发出适合便利店使用的咖啡机，用这种咖啡机，店员在十几秒内就能做好一杯咖啡。统一超商成功地运用这个新的商业模式，一年可卖出近1亿杯咖啡，让“城市咖啡”成为平价咖啡第一品牌。

要抓住市场空白获得成功，企业家必须判断自己是否有能力采用新的商业模式，即不同的获利方式，并善于运用不同的专业能力和新方法整合各种资源与活动。最能发现市场空白商机的当属网络巨头谷歌公司。每当谷歌发现新的成长契机时，都会运用自己的技术优势，以新的商业模式来挖掘这些机会，不断为使用者提供新颖的服务，而且每次推出的新服务，都给业界带来震撼。

谷歌所提供的网络服务随处可见，从大家最常使用的搜索引擎，到超大容量的电子邮箱，因为采用了新的技术，从而增加了它的方便程度，让使用者的接受度大大提高。谷歌还扮演中介者的角色，将众多资料进行分类，让使用者只要通过这个入口，便能享用新闻社群、网上论坛等服务。谷歌地图不只可以用来搜索位置与路线，还能丰富个人网站的内容。使用者可以用图文并茂的地图，取代冰冷单调的文字地址，并结合标记及注解功能，制作成旅游日志、历史导览及美食报道等。不断转型并不断推出新模式，正是谷歌一再切入市场空白的原动力。

5分钟摘要

如何挖掘市场空白的商机

很多企业进入“市场空白”的活动（也就是明显在现有核心业务及现有能力之外的新商业活动）都很难获得成功。这些企业或许察觉到了某个可行的商机，但是几乎都会试图以现行的商业模式来服务新顾客。这些扩张的努力往往都失败了。

要抓住某一个市场空白的机会，并以此让公司成长，必须先建立一套适合这个新市场的商业模式，不要奢望能够沿用既有的商业模式获得成功。具体而言，你必须重新建构任何可行商业模式的四大支柱：一是顾客价值主张——你想做到的事情；二是获利模式——要如何赚得利润；三是关键资源——你需要哪些资源才能完成必要的工作；四是关键流程——你需要做到哪些事才能实现顾客所要的目标。

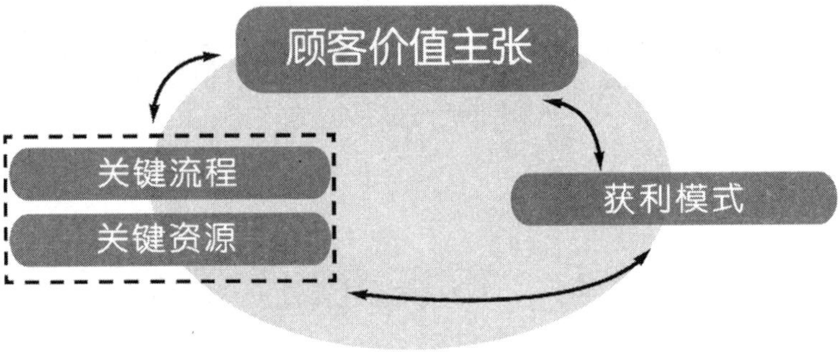

将现有的商业模式扩大应用到某个市场空白的商机等于是自找麻烦。不过，如果先开发出更适合该市场空白的新商业模式，就能有更大的成功机会。

一　市场空白和四格商业模式架构

当企业家察觉到自己核心业务以外的商机时，所谓的市场空白就出现了。它的范围超越了关联性市场，因而是一个可以采用全新方式服务新顾客的机会。掌握市场空白的关键在于，不要用既有的商业模式服务这个新市场，必须采取全新的商业模式——一个结合了顾客价值主张、获利模式、关键流程和关键资源于一体的、崭新的、量身定做的组合。如果能建立适当的新商业模式，你就能把握住这个市场空白的商机。

一般而言，市场地位稳固的企业，都拥有自己能成功经营的市场。它们用了许多年，为自己的商品找到顾客。这些市场也都契合企业的定位与能力。

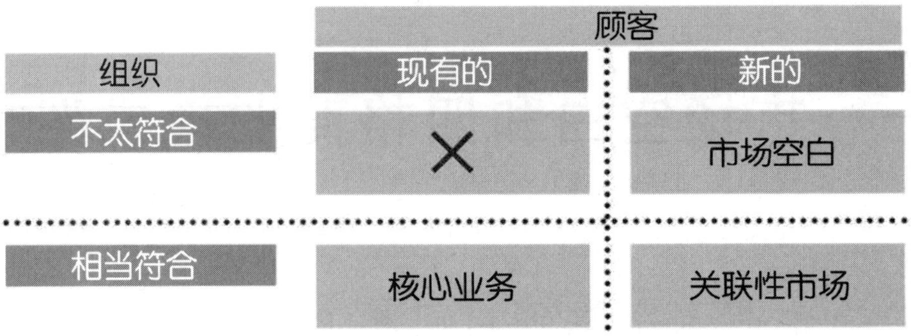

大多数企业都随着时间的推进，逐步扩大自己的核心业务，甚至可以成功进入关联性市场，将类似的产品打入不同的细分市场。所谓市场空白的商机，则是不一样的概念。空白市场是进入新大陆的机会。要在空白市场获得成功，企业必须判断自己是否有能力采用新的商业模式——采用不同的获利方式、利用不同的专业能力和新方法整合各种资源和活动。

下面以苹果公司为例，说明企业如何成功掌握市场空白的商机。

苹果公司原本是个人电脑市场的主角，但是在20世纪90年代，其市场占有率从20％跌落到3％以下。

苹果公司共同创办人史蒂夫·乔布斯回去暂代首席执行官后，推出了多种产品和商业模式。2001年苹果公司推出“iPod”，并大力宣传它是“全世界第一台数字播放器”，不过事实上，钻石传媒公司在1998年就推出了类似的MP3播放器。

然而iPod的成功之处并不在于它本身的科技，而在于苹果公司围绕这个新产品打造了一种最佳的商业模式。苹果公司在推出ipod成品18个月之后，推出了“iTunes”线上音乐商店，以非常优惠的价格提供音乐合法下载服务。苹果公司几乎是以成本价赠送音乐，再借由iPod的销售赚取利润。

不到3年的时间，iPod加iTunes的组合成为一项营收百亿美元的产品，占苹果公司50%的营收。凭借这项收入，2007年苹果公司的市值飙升到1330亿美元。此举也使苹果公司从电脑制造商成为休闲媒体的领导品牌。

苹果公司成功的关键并不是因为 iPod 是最佳的产品，它和其他媒体播放器的功能其实很相似。苹果的成功在于它在商业模式上的创新，它以 iPod 加 iTunes 的组合连续发动强有力的攻势，打造出一种前所未见的新商业模式。

正因如此，商业模式创新成为经理人的流行语，也就不足为奇了。IBM 在 2008 年的一项调查中发现，在受访的 1100 多位企业首席执行官之中，几乎全部都表示必须调整商业模式，其中有超过 2/3 的人表示需要大规模的改变。然而尽管大家都把它挂在嘴边，却似乎很少有人能做到。全球企业目前对于创新的投资，只有不超过 10%是着重于发展全新的商业模式。真正尝试进行模式创新的企业，虽然有大量的人才和资源可用，却很少有成功的范例。大多数成功的商业模式创新，都是由新创企业完成的。为什么这种无限的潜力和高度的关注无法转变成行动？这是因为人们虽然对“商业模式”一词相当熟悉，却很少有人真正了解到底什么是商业模式，或是了解自己的公司真正采取的模式是什么，至于该如何开创新的模式，以及开创新模式的原因和时机，那就更不用说了。

成功的商业模式，具有4项相辅相成的要素。

1. **有力的顾客价值主张**

有力的顾客价值主张可以明确说明你希望能为顾客做到什么。顾客购买你的产品，是为了解决某个重要的问题，所以你的第一要务就是要具体指出终极目标，以及你的商品可以如何解决顾客的问题。要注意的是，你的解决方案不仅要纳入你所要销售的商品，还要包含销售方式等其他相关的事项。

2. **可行的获利模式**

可行的获利模式就是用以详细描绘企业如何创造价值的蓝图。长久可行的获利模式，会考虑生产商品相关的资产以及固定成本结构，如此才能推算出合理的毛利率。

◎营收模式以量化方式呈现，表明你可以赚到多少钱，也就是价格乘以销售量。总营收也包括相关商品或服务的销售。

◎成本结构包括要实现新的顾客价值主张会产生哪些直接固定成本和经常性支出。

◎目标单位毛利就是计算出每一笔交易应该获得多少净利，才足以支付你的经常性支出，并达到预定的获利水准。

◎资源周转率表明资源运用的速度必须多快才能实现你的目标销售量，其中包括前置时间、生产量、存货周转率等。你的资源周转率愈快，能制造和销售的商品量就愈多。因此，如果能够降低每单位的目标毛利，就能产生合理的获利。

3. 关键资源

关键资源包括：关键人士的亲自参与；关键的技术、设备或产品；建成的配销渠道；可以方便取得的必要信息；特定的伙伴关系或结盟；资金来源或已具知名度的品牌；专利等知识产权。

关键资源是指要能扩大规模、系统地履行顾客价值主张所需要的人力、技术、设备、资金等资源的独特组合。广泛运用多种资源是常见的情况，然而通常只有少数的关键资源，才是你在市场上成败的决定性因素。

例如，苹果公司正是因为有了 iTunes，iPod 才和其他 MP3 播放器有了差异。

4. 关键流程

关键流程是指有些事项必须要持续做到，才能不断履行顾客价值主张。和资源一样，真正能成功地为顾客服务和创造获利的流程，可能也只有少数几项，通常包括以下 4 项。

◎ 设计次代产品。

◎ 寻找供应商并签订供应合同。

◎ 制造与销售。

◎ 人力资源及培训。

关键流程与资源通常会同时发挥作用，以持续履行顾客价值主张，并建成预定的获利模式。

在很多状况下，流程和资源的综合效益，正是新商业模式成功与否的核心。连接整个商业模式，使其得以保持适当平衡的则是企业规则、行为规范及成功指标。

◎企业规则明确制订合理的毛利率、付款条件、前置时间及供应商关系等事项。

◎行为规范则规定什么规模的商机才可以投资、应选择何种路径等事项。行为或文化规范会指引决策，并使行为能够一致。

◎成功指标是依据这些规范制订出的评量指标，以便持续、系统地评量绩效。

对经营已久的企业而言，当初将特定内容纳入商业模式的理由，后来却消失于机构记忆之中，这是常见的现象。这些早期决策唯一得以保留下来的，通常就是目前还在使用的规则、规范和指标。

如果一家企业没有明确的商业模式创新架构就贸然进入市场，就像建筑承包商尝试在没有蓝图的状况下建房子。他可以制作试算表，表明建房子能够获利，然后取得必要的资源，但是当木材和混凝土运到工地的时候，工人做起事来将漫无目的。没有清晰明确的计划，工人建的任何房子看起来大概都会很像上次建的房子，因为他们只能凭上次的印象去建。假如他们真的建造出原创的房子，也是运气成分居多，并不是因为他们有眼光。商业模式架构可以作为商业模式创新的建构原则，有了它所提供的蓝图，你就可以用图表呈现现有的核心商业模式，并设计新的模式，帮助你掌握市场空白商机。这套架构就是建立流程的基础，让你可以规划出可行且更稳定的创新流程，而这个基础可以让你在追求转型成长和革新的过程中释放出创造力。

关键思维

顾客购买的目的，几乎都不是企业原本想诉求的卖点。

每个组织都有一套经营哲学，有些经营哲学

效力极强，能够适用很长一段时间，但是它们无法永远适用。实际上，现在经营哲学根本无法适用太久。每一套经营哲学最终都会过时失效。

——彼得·德鲁克

创新有风险，但并非是随机的风险。创新者会采取严谨的创意流程，他们自己可能说不出来，好像有时乍现的灵光出现在不经意的时候，其实它来自严谨的流程。要掌握市场空白是有难度的，必须以全新的方式看待市场和顾客。

——雷富礼　宝洁公司董事长

二　需要新商业模式的3种状况

在研究市场之后，你可能会发现新的目标或新的顾客需求。你或许想出了全新的顾客价值主张，那么接下来的问题就是：为了将这个新的机会商业化，是该运用既有商业模式的优势，还是要发展全新的商业模式？

这个问题往往会在下列状况下出现。

◎追求既有市场之内的市场空白——让现有顾客实现未获满足的目标。

◎追求既有市场之外的市场空白——让更多消费者能够买到你的商品。

◎追求全新的市场空白——应对巨大的产业变动。

真正的挑战在于，要有眼光能够看出最具前景的机会，然后不断地抓住这些机会。在你处在下列情况时，就必须建立全新的商业模式来和对手竞争。

◎你改变了现有的获利模式。

◎你必须开发新的资源或流程。

◎你需要用完全不同的指标、规则和规范来经营企业。

由此可见，企业面对下列3种状况时，就需要建立新商业模式。

1. 既有市场之内的市场空白

在每一个市场中，竞争的基本态势都会随着时间演变。

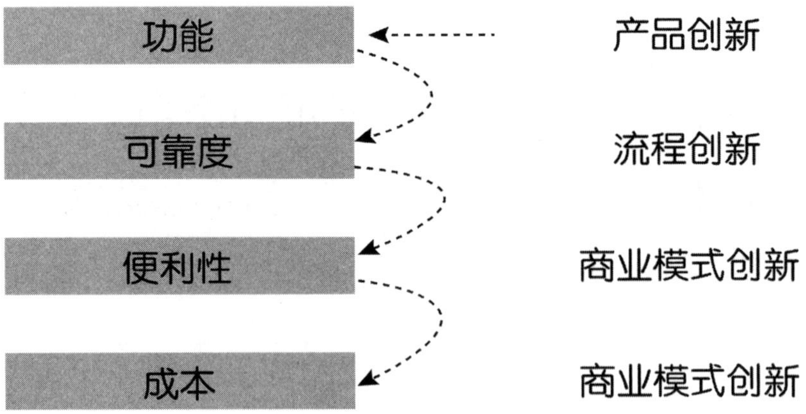

◎在市场刚形成的时候，顾客愿意付高价取得较佳的功能。

◎当所有商品都已经达到一定的水准时，顾客就希望获得较高的品质和可靠度，也愿意支付更高的费用。此时，流程创新就是成功的关键。

◎当各家产品的功能和可靠度都在一定的水准之上，就得让顾客能体会到更快速、更便利的服务，或是以专门针对他们需求量身定做的方式去实现他们的目标，顾客才会愿意支付更高的费用。要在这种市场成熟的阶段获得成功，就必须改变商业模式。

◎当所有的竞争商品在功能方面不相上下时，各家企业就会在成本上竞争。此时若想要取得领先地位，企业就必须进行商业模式的创新，以便提高效率，然后逐步降低价格，把效益回馈给顾客。

每当竞争的基本态势从产品的功能和可靠度转移到便利性或成本的时候，顾客的基本目标也会彻底改变，而你所要履行的顾客价值主张也应该随之改变，这样才能保持竞争力。要创造良好的业绩，企业必须进行商业模式的创新，才能向前迈进。

当前，大多数市场都已经进入低成本主宰一切的便利性或大宗商品化时代，个人电脑市场就是最好的例子。在前些年，苹果、康柏和戴尔等电脑公司，都全力进行产品的改良。苹果公司刚开始强势领先，因为它的产品组装良好，可靠度较佳。接着，戴尔电脑崛起，推出定制化方式，并提供了便利性服务，戴尔的好光景延续了 20 年。但是今日的个人电脑市场已经接近大宗商品化，几乎所有个人电脑的功能都十分强大，超越了顾客的需求，而且各家厂商也都会通过网络进行销售。这个行业现在的挑战是，哪一家企业能够提出新的顾客价值主张，就能够借此领先。

手持电动工具制造商喜利得公司是攻克既有市场范围内市场空白的成功范例。在 20 世纪 90

年代晚期，喜利得发现，它所经营的市场正趋向大宗商品化，虽然建筑工人把电动工具当做必需品，却会把工具丢在外面淋雨，而且不太会保养；建筑商则已经把电动工具当做可以用过即丢的东西。喜利得还注意到，在很多工地里有各式各样的廉价工具，由于采用不同厂商的零件，零件和零件之间不太相容，要管理好这些工具并不容易。

喜利得公司觉察到顾客的基本必达目标，借此发现了大宗商品化创造出的一个机会，即可以用便利性和定制化来竞争。该公司为此创设了一套租赁方案：顾客只要支付月租费，就可以使用全套的电动工具，这些工具都会得到定期保养，随时都能用。喜利得的顾客价值主张是：你只管建好房子，我们一定会让你手边随时都有最新的和最安全的电动工具，全部都经过完善的组装和保养，让你随时可以用上。

该公司的获利模式，从要人付钱买下工具，变成每个月缴费租用。喜利得还想出了必须开发哪些资源和流程，才能让该公司从手持电动工具制造和销售商变成服务商，其中包括设立网站，让相关人员能够上网浏览工具的库存状况。此后，喜利得就利用来自这个网站的资料，管理及经营其租赁业务。

2000 年，喜利得于总公司所在地瑞士率先推出并测试这套新的商业模式。测试结果令人非常振奋，于是喜利得在 3 年内就将这个方案推广到全世界。目前有数千家企业采用喜利得的电动工具租赁方案，而这个方案也占了该公司整体营收相当大的比例。

2. 既有市场之外的市场空白

要掌握既有市场之外的市场空白，就必须开发新的市场，并设法服务新的顾客。你必须发展出全新的商业模式，针对尚未消费的潜在顾客提出具有吸引力的顾客价值主张。过去因为成本高昂而且方式复杂，或是因为这些潜在顾客没有可以取得服务的可行渠道，所以他们被市场拒之门外。

竞争的基本态势在成熟市场中往往会演变，同样，我们解决问题的方法也会随着时间演变。解决问题的模式会以以下明确的次序演进。

◎解决方案专门店。

◎流程事业。

◎互助网络。

“解决方案专门店”的方式，最适合一些解决问题的能力处于初期阶段的企业。聘请专家要花很高的费用，但又必须依靠他们来了解情况，并开发出定制化的解决方案。在模式更清楚之后，决策就可以更偏向规则导向。此后，“流程事业”就可以以较低成本提供大量的解决方案，并借此创造价值，而此时成败的关键就在于能否达到一定的经济规模。最后，当知识更广为流传、更为人所知时，“互助网络”就会形成，让志同道合的人可以聚集在一起，交换商品和服务、互相合作，甚至进行社交活动。这时在网络中就可以同时运用各式各样的收费方式，包括收取会员费和交易费等。

上述各阶段的转变都会创造新的机会，企业可以去接触尚未消费的潜在顾客并打开新市场。通讯科技的持续普及，也正使一个又一个市场快速地趋于大众化。随时都会有新的机会，企业可以针对这些变化开发新的顾客价值主张和商业模式。

下面以基层医疗模式改变为例来阐释市场演变的次序。过去患者需要诊疗的时候，会去找自己的家庭医师，而医师执业方式大致属于解决方案专门店的模式，受过高度专业训练的医师会为病人诊疗，包括喉咙痛和可能致命的疾病。这样的诊疗是非常费时且昂贵的，因为必须由受过高度专业训练的医师进行诊断。然而现在可以运用规则导向的流程来诊断许多种轻微的病症，不需要像过去那样必须由受过高度专业训练的医师诊断。

“一分钟诊所”的出现，充分利用了医疗知识大众化的特点，让人无须预约，就可以接受专科护理师的诊疗，前后时间不到15分钟。这些专科护理师有能力运用规则导向的方式，诊断特定几种常见的轻微病症，再就这些病症提供规则导向的治疗。由于这些专科护理师没有经过那么高度专业的训练，因此他们收取的费用也就比较便宜，这也提高了他们在消费者眼中的可用性。

一分钟诊所是非常有益的尝试，将基层医疗从解决方案专门店的模式，转变成提供流程事业的系统。目前也有为数众多的网站，致力于分享特定慢性病的信息。随着这种现象日益增加，就会出现互助网络，让志同道合的人可以聚集在一起。这类网络能够加速和强化解决问题的流程。网络也会大幅缩短找出模式所需要的时间以及产生规则导向决策系统的时间。这种市场需求，催生了无数的网络中介公司。

经营已久的企业要想掌握既有市场之外的市

场空白，成败的关键就在于能否运用新的商业模式来解决问题。1997 年，思爱普公司和英特尔公司合资成立了领英公司，该公司的发展经验可以凸显上述的观念。思爱普原本向大型企业销售企业资源规划软件，之后该公司希望向中小企业（思爱普公司的市场空白）销售相关软件，所以就成立领英公司来试图实现这个目标。由于思爱普和英特尔都是高科技公司，它们成立的领英公司所推出的商品，也是复杂且高度自动化的完整解决方案，这类商品在大型企业很受欢迎，但是对于没有专职软件工作人员的中小企业来说就比较难使用。

雪上加霜的是，思爱普选择过去销售大型企业软件系统的合作伙伴来销售领英的商品。这种方式的问题是，销售领英的商品对于这些合作伙伴来说，并没有那么大的利润，因为这些商品不需要合作伙伴提供支持和咨询服务。领英公司在花光 1 亿美元的创业资金之后最终关门。从掌握市场空白的角度来看，领英公司的致命伤是未能开发出拓展市场空白的独特商业模式。

3. 全新的市场空白

偶尔发生的重大市场转变和事件，可能会永远改变市场的本质，比如“九一一”恐怖攻击、互联网的商业化、2008 年秋季的金融危机等。这些事件都十分剧烈地改变了整个产业的竞争局面，而且也改变了某些国家的状况。然而从商业模式的角度来看，这种剧烈的变化可以归纳成以下 3 类。

◎重大而剧烈的市场需求转变。

冷战结束后，美军开始购买快速、分散的武装部队所需的装备，而不再是冷战时期需要的大规模、复杂的秘密装备。国防产业必须快速应变，从原本的解决方案专门店转型成为能创造价值的流程事业，以期在变动中生存下来。

中国和印度实施新的经济模式后，消费市场也出现了同样的巨幅改变，一下子为全球市场带来数十亿的新消费者。

◎出现重大的突破性新科技。

这会在一夜之间促成新市场的诞生，并使原本的市场消失。在19世纪初期，人类使用燃烧鲸鱼油的灯具照明，当有人开发出更干净的燃油——煤油时，大家都转而采用煤油，大规模捕鲸的活动也停止了。爱迪生发明电灯之后，再也没有人希望家里出现气味难闻又危险的煤油灯。同样，苹果公司在2003年推出iPod加iTunes的商业模式，也直接导致音乐零售商的CD销售量急剧下跌。《大英百科全书》风靡了数十年，先是遭到微软线上百科全书的冲击，接着又受到维基百科和谷歌的连续重击。当前报业似乎也面临生存危机，因为报业一向认为互联网是威胁，而不是成长的机会。出版商没有设法运用互联网的最大优势以发展出新的商业模式，反而试图死守着传统的商业模式。

◎政府政策的改变。

政府政策的改变，特别是法规松绑往往会引起市场的改变。例如，欧洲在20世纪90年代开放对航空业的管制，使低成本的新进者如雨后春笋般出现；1973年美国开放对医疗产业的管制，有很多健康管理组织（HMO）、医疗提供者组织和各种综合企业都赶紧进入这个市场。政府大笔一挥放松管制，就会改变整个产业的格局。

关键思维

市场会诞生、成长、改变和死亡，顾客需求也一定会发生变化，必达目标也是一样。要掌握市场，你必须时时留意这些改变，并设想出应对变化的新方法。在市场发展的后期，这类转变通常会更为彻底，因此你必须重新检查商业模式，或是发展出全新的模式。这会让你有机会去掌握既有市场之内的市场空白，也就是在既有市场内完成转型成长。

——马克·约翰逊

一个人如果不愿意让陆地离开自己的视线太久，就无法发现新大陆。

——安德烈·纪德

真正的探索之旅，不在于追寻新的风景，而是要有新的眼光。

——普鲁斯特

三　如何将新的商业模式变成可重复操作的流程

商业模式的创新不能依靠运气或直觉，而应该依靠合适的、系统的方法。唯有如此，才能够重复进行商业模式创新，并且实现最佳化。

要构建真正创新的商业模式，并不能完全靠想象力、灵感或运气，甚至可以说大多不靠这些东西。商业模式创新应该是一种条理分明的流程，运用架构来释放创意，而不是颠倒过来。基本上，四格商业模式这个架构可以产生正确的问题和假设，再以建设性的方式进行归纳和分类，并且按照适当的次序来实行、测试。切记，商业模式创新是一个不断重复的过程。你可能必须在 4 个格子之间不断反复，才能构思出适当的设计，使 4 项要素能够有效配合。

这方面的挑战在于，你所想出的新商业模

式，既不能扩大应用你以往的做法，也不能借鉴、改良竞争者目前的做法。要取得真正能改变局面的成果，你必须找出市场上的顾客目前有哪些重要的必达目标未获满足，然后设法实现这些目标并获利。基本上，你必须以全新的眼光看待市场，然后整合商业模式的四大要素，去实现理想的目标。

商业模式创新应该着重于追求崇高的目标，如改变既有市场的局面、开创全新的市场，或是促成整个产业的转型等。商业模式的创新者应该去追寻宏伟大业。

系统地创建新颖且原创的商业模式，须经过以下 3 个步骤。

1. 找出并了解什么是顾客真正的必达目标

这方面的诀窍在于，要采取目标导向的方式，而不是过去需求导向的方式。所以，不要问“你的需求是什么”，而应该问“你想要实现什么目标”。

例如，在喜利得公司的案例中，如果该公司当初问建筑工人“你们的需求是什么”，他们可能会回答“更可靠的工具”或是“更便宜的电动工具”。但是，当该公司观察建筑工人使用其产品的方式时，就注意到，如何持续使用各种工具才是主要的困扰。顾客真正想要的目标是，在需要的时候就有适当的电动工具可以使用，而且所有工具都能有妥善的保养和管理。于是，喜利得就着手针对这项目标，拟定出一套新的顾客价值主张。

目标可能是财务性、情绪性或是社会性的，这些都是顾客渴望实现的目标中不可或缺的一部分。例如，时尚产业的目标就是，“让我喜欢自己的外表”，但是这个目标可以扩展为，“让我融入大家、外表时髦、吸引异性、有自信，并让人印象深刻”。

采取“由内而外”的方式，也就是从自己现有商品和服务的角度出发去观察市场，是很自然的事情。然而，要想出能改变局面的新商业模式，而不只是扩大运用现有的成功做法，你就必须全力去寻找顾客有哪些未获满足的目标，而且是你自己和竞争者都还没做到的目标。你必须用全新的眼光来看待一切。

2. 建构蓝图，说明要如何实现该目标并且获利

当你真正了解顾客的必达目标之后，就要制作蓝图，用以建立实现目标所需的商业模式。换句话说，你必须构思和建立一套商品的提供机制，而该商品必须尽可能以最低的价格达到比其他商品都要好的功效。

此时你可能会想要找到下列问题的答案。

◎必达目标是什么？

◎可不可以用某种商品、服务或是结合这二者，来满足这项目标？

◎最佳的商品类型是否完整？

◎必须给顾客提供什么样的支持？

◎顾客应该付的是固定还是浮动的价格？

◎顾客应该一次付款还是分期付款？

◎应该自己提供商品还是通过第三方？

彻底思考上述问题之后，你就可以具体描绘心目中商品的基本规格。这些就是顾客价值主张的组成要素，必须以非常详细具体的方式加以阐释。有了这个顾客价值主张，接下来的挑战就是要思考公司应当以什么方式提供这类商品才能够获利。在这个开发阶段，你必须充分思考自己想要采用的获利模式。

你的商业模式必须是新颖的、原创的，不能用既有的商业模式重新加工，同样，你也必须运用创意去找出获利模式，可视具体情况考虑下列问题。

◎在未来3到5年当中，整体获利应该有多高，才值得公司去追逐这个目标？

◎根据上述的获利目标，必须创造多少营收，即售出的商品数量乘以每件商品的预估市价是多少?

◎将各种固定和变动成本计算在内，商品的预期成本结构是什么?

◎目标单位毛利和基本的资源周转率（以存货周转等项目来看）又是多少?

用回推的方式，你就可以根据自己的假设，建立预估损益表，也可以找出履行顾客价值主张所需的资源。这样做，你可以找出有哪些资源可以和现有的核心业务共享，借此降低初期成本；还可以及早发现潜在的冲突点，也就是哪些方面可能影响新商业模式的成功。

3. 设法整合所需的资源和流程

构想出新颖、创新的商业模式是一大挑战，而要让这套商业模式从假设变为可实际执行的方案，又是另一项完全不同的挑战。要做好这一点，最好的办法就是反复实施、稳步前进，即建立一项假设、找出相关资源和流程、试行，并对结果进行测试，然后运用所学到的教训，再不断改善。

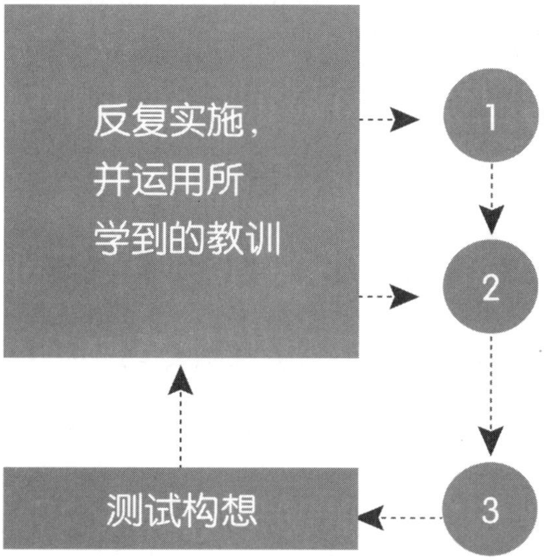

你最终采用的商业模式和你原本想象中的模式，绝对会只有少部分是相同的。在你找出新商业模式需要哪些关键资源和流程的同时，也必须对其进行测试，以判断自己所选择的流程是否合适。测试也可以评估你能否将各项要素整合起来。

新商业模式应该通过以下 3 个不同阶段来完成。

（1）酝酿阶段——建立获利能力。

在酝酿阶段，你要找出商业模式中的关键假设，并且按部就班地加以阐释。此时该做的是验证自己的想法，并找出自己没有考虑到的部分。

通过测试及学习，你不仅可以了解自己的假设是否正确，还可以找出市场立足点，并进行试销。这可能是一小块市场或是特定的顾客群，你可以把这当做低成本的实验室，先按顾客需求调整商品，再向更大的市场推广。如果商业模式中有某些部分无法契合，你也可以在酝酿阶段发现这些不合之处。

在这个阶段，你还要建立获利能力，并且制订出最适当的指标，用以评量自己是否成功。你之前在这些事项上已经有了一些想法，而在酝酿阶段，则是要对这些假设进行实地测试及压力测试。

（2）冲刺阶段——开始取得预期的营收。

当你证实自己的新商业模式可行之后，就要

推广运用。在这个阶段，你要建立各种可重复运作的流程，使新商业模式能够获利。通常在冲刺阶段应该做下列 3 件事：将流程修正到最佳状态，然后将其标准化；建立今后要采用的经营规则；明确指标，用来持续追踪成果。

冲刺阶段通常要从原本立足的市场进入到更大的市场。在这个过程中，仍然要持续进行试验及调整，因为一定会有一些流程需要进一步改善。此时，你要持续关注商业模式中各项要素的成效和互相配合的状况。你的冲刺速度会随着你在市场中发现的状况加快或减缓。

（3）转换阶段——创造真正大规模的营收。

这个阶段，你该思考的关键问题是，现在是把新的商业模式整合为目前公司的核心，还是该维持独立的状态，使其能够茁壮成长？

你大概会发现，在下列状况下，最好让新商业模式独立运作。

◎需要不同的品牌和顾客价值主张。

◎有碍现有的核心业务。

◎需要采用不同的企业规则和评量指标。

在下列状况下，可以将新的商业模式整合到核心业务之中。

◎获利模式非常类似。

◎新模式创造的获利明显比既有模式高出许多。

◎新模式有助于强化核心品牌。

◎新模式有潜力重振核心业务。

有些企业过去一向热切拥抱变革，如果你的企业就是如此，那么新的商业模式就很可能在你的核心业务之中不断成长。

如果原有的核心业务是成功的，那么所有成员都坚守这个让企业得以成功的模式，自然就不足为奇。因此，想要以开放的心胸面对需要新模式的转型机会，我们就必须了解，既有商业模式如何通过其各个方面一如既往地维持现状。

既有的业务会被限制在现行的获利模式之

中，因此每当有新的构想出现时，管理团队的每一位成员，都应该自觉地去审视新构想，并提出下列问题。

◎如果我们不给新构想提供所需的资源，并且予以忽略，它是否就会消失？

◎如果只取这个新商业模式中最好的特点，并将其移植到我们现有的模式之中，然后加以发展，是否会比较好？

◎采用这个新的商业模式，是否会侵蚀掉我们目前的营收来源？

◎如果现有的商业模式还存在相当大的调整空间，可以借此赚得更多收入，我们为什么要采用这个新的获利模式？

同样，这又回到了公司内使用哪些规则、规范和指标的问题。要抢占某个市场空白的商机，你必须明确要使用的规则和指标，你也必须让员工不再固守原有的规则，并且指出要用哪些新规则来取代。如果不这样做，就会产生各种利益冲突。另外，你必须让最高管理层认同这些新规则和指标，因为只有最高层才可以授权员工去实行这些新的办法。

实行新模式的最佳范例，大概就是互联网的先驱——亚马逊网站。亚马逊原本是一家网络书店，后来开始销售各种容易运送的消费性商品。几年之后，亚马逊对想开设自己线上店面的第三方提供中介服务并收取佣金。2000 年，亚马逊推出了网络服务平台，提供资讯科技服务。2007 年，亚马逊推出了名为“Kindle”的电子书阅读器，并搭配整合的内容供应平台。亚马逊不断切入市场空白的商机，使公司营收从早期的 40 亿美元增长到 2008 年的近 200 亿美元，但真正让该公司脱颖而出的是，每当亚马逊发现新的成长机会时，它都会构思并建立新的商业模式，并充分利用这些机会。亚马逊之所以能够成功，是因为其企业本质就是要不断转型，随时演进到新的境界。

关键思维

如果你希望自己给顾客提供的服务能够持续保持活力，就不能在自己擅长的领域停下脚步。你必须去了解顾客的需要和期望到底是什么，然后不论困难有多大，都一定要把这些事情做好。

——杰夫·贝佐斯

想要重振企业，就必须创新商业模式并抓住市场空白。

——马克·约翰逊

7 步骤挖出大商机

Unstoppable

Finding Hidden Assets to Renew the Core and Fuel Future Growth

作者简介

克里斯·祖克（Chris Zook），毕业于威廉斯学院、牛津大学艾克塞特学院和哈佛大学，现为贝恩管理顾问公司合伙人，该公司专门协助企业寻求新的获利成长来源。他经常在财经媒体上发表文章，也常在经济论坛发表演说，已出版《从核心扩张》《跨越扩张风险》两本著作。

本文编译：黄玩

目　录

主题看板

聚焦、扩张、重定

要了解影响核心业务现行市场的力量，最有效的架构就是“聚焦、扩张、重定”循环。在聚焦阶段，企业专注于建立核心业务，拓展核心产品市场，并开发相关创新产品，以便充分发展核心业务。在扩张阶段，企业利用核心业务的优势与市场地位，进入相关市场。不过在市场已经饱和，或者新对手挟资本或创新优势加入竞争时，许多公司还是会面临成长受阻与获利萎缩的困境，这个阶段应该开始寻找新的核心业务。此时有些企业可能尝试与对手合并，或者投身热门的新市场。但风险较低的做法是挖掘过去被忽略、未被充分运用或被低估的隐藏资产，并加以重新利用。

漫威漫画公司出版的漫画书中总计约有5000

个人物，但这些人物一直处于冬眠状态。新的首席执行官帕马特到任后，开始让旧角色在大银幕复活，第一个作品就是 2002 年的《蜘蛛侠》。《蜘蛛侠》上映后票房大获全胜，2005 年该电影的版权加上洐生产品的收入，约占公司 3.9 亿美元年度营收的一半以上，成为漫威漫画主要的获利来源。

通用汽车公司利用“卫星导航系统”，开发公司庞大的隐藏资产——累积用户群。通用汽车的累积用户群高达 8000 万人，并且该群以每年 500 万人的规模不断增长。因此，通用汽车不但可以利用这个用户群维系顾客关系，还能开创一个可以不断增加收入的来源。通用的“卫星导航系统”提高了人们使用汽车的经济效益，降低了与驾车相关的种种不便，开启了通用汽车新的成长模式，并通过收取月租费，创造了盈利的新方法。此外，由于通用汽车累积用户群庞大，其卫星导航系统也成为业界的标准，能够吸引到最佳应用服务与内容的开发商，并为使用该系统的用户创造网络优势。

改造企业不一定是通过高风险的创新，只要找出公司内部被忽略的资产，让它发挥作用即可。企业首席执行官的重要工作之一，就是找出尚未被发现的既有平台、能力或客户资源，以推动新一波成长。

戴比尔斯公司通过挖掘消费者关系，重新设定了其核心能力。20 世纪 90 年代后期，尽管戴比尔斯坐拥价值 50 亿美元的钻石原矿，但获利却不断萎缩。第二代总裁尼基·奥本海默上任后，将原本的批发过程变成透明的供应商经营策略，也改变了过去的垄断状态。他深入检视业务，发现公司与消费者的关系十分深厚，越了解消费者对公司就越有利。于是戴比尔斯卖掉了 8 成的钻石原矿存货，开创了新的商业模式，并通过广告以及为经销商、珠宝商开发新产品构想，建立起品牌认同。情侣开始购买镶有 3 颗钻石

(代表前世、今生与来世)的戴比尔斯钻戒。戴比尔斯公司充分利用了公司的隐藏资产，成为了较为知名的消费性品牌。

强鹿机械公司是生产牵引机型割草机、大型农耕设备的制造商，拥有较高的品牌知名度。强鹿公司运用隐形资产的做法是，为顾客提供精致、低成本的服务，而这些服务与竞争对手相比，更容易被消费者接受。作为园林造景的承包商，强鹿不仅要铺设草皮、栽植花木，还要负责维护。靠着在草坪维护领域的专业性，强鹿公司在园林造景师群体中建立了好名声，园林造景事业增强了园林造景师与强鹿批发商之间的互动关系。这项新业务，也让强鹿机械公司跨入成长更快、毛利更高的园林造景市场。

5分钟摘要

如何成功转型

每家企业都会遇到成长无力的时候，在这个转折点上，企业家必须决定是否要对运营模式进行根本的变革，转型至全然不同的核心业务。如果转型能顺利进行，同时还继续经营现有业务，公司就可以从“无以为继”变得越来越“无人能挡”。

然而令人惊讶的是，从一项核心业务成功转型的例子，大多不是因为进入全新的热门市场、采用突破性的技术，或是搭上流行趋势的顺风车，虽然这些都是可能的转型方案，但成功概率并不高。

大多数成功案例，都是那些能够将隐藏资产商品化，并由此建立起新商业模式的企业，而所谓隐藏资产就是那些通常被低估、不被视为资产或未曾被充分利用的现有资产。这些隐藏资产在成为企业新运营模式的重心之前，通常都被埋没在不显眼之处。

判断何时该重新界定核心业务，通常会经过下列 7 个步骤。

步骤 1：了解现行的市场力量

你必须观察产业中的波动以及各种变化发生的速度。要实际做到这点，最好的方法就是评估公司目前在“聚焦、扩张、重定”的市场循环中处于哪个阶段，同时分析产业价值链中，目前和预期的获利分配状况。

步骤 2：评估核心业务的现状

随着新兴市场日益增强和发展，你必须去研究这些变化会对公司的获利能力和竞争差异来源可能产生哪些影响。

步骤 3：找出可行策略

要先研拟出与过去大相径庭的可行策略，好让你在未来需要时可以派上用场。要注意的是，新策略必须要脱离现有做法，或是能逐渐和你原有业务区分开来。

步骤 4：发掘隐藏资产

这些隐藏资产（可能正是你未来运营策略的关键）通常可以归为以下 3 类：平台、顾客和能力。

步骤 5：修正并加强策略方案

发掘出隐藏资产后，你就可以设法结合这些资产，运用全新甚至独特的架构组合，并不断尝试、修正，直到开发出最好的策略方案。

步骤 6：评估各项方案并择优实行

要决定该运用哪些隐藏资产，往往必须厘清以下问题：①我们能否在目标核心顾客的心中，真正建立起差异化的形象？②我们是否能保持自己的竞争优势？③我们是否能新增必要的能力，以充分运用这些隐藏资产？④我们的组织是否具有实行新策略的能力？

步骤 7：全心全意朝目标前进

开发出新的运营策略后，企业就必须全心全意朝目标前进，此时必须专注于以下 3 个关键领域：持续充分沟通，以达成共识；拟定指标，以便即时评量进展并改正缺点；设置专责部门，以掌控进程、提供支持和解决问题。

关键思维

企业的历史越悠久、业务越复杂，就越可能找到有发展潜力的隐藏资产。很多企业手握足以制胜的好牌，却浑然不知。

首先，将有比过去更多的企业会发现，他们原本成功的成长模式已受限制，所以必须探讨对核心业务进行根本变革的必要性（有些企业是首度进行探讨）。其次，变革的警讯很少能从一般的财务数据中看出来，而是潜藏在结构性指标及尚未浮现的负债之中。最后，最成功的转型案例本质上是阶段性或渐进式的，他们会瞄准新核心业务（而不是热门市场）的领导地位，并且在隐藏资产的基础上寻求可复制的成长模式。

世界充满了无尽的诱惑、干扰、疑惑和不确定性。管理团队可能像打乒乓球一样，在不同的议题中来回跳动，却从未深入探讨和了解核心业务及其所代表的意义。的确，公司真正的重点应该放在外部，例如，竞争对手、科技的变动以及顾客的动态。但我还是要强调，对我们最具威胁的难题常常来自内部，最难战胜的敌人往往就是我们自己。在“聚焦、扩张、重定”成长循环中的任一阶段，一开始都必须去了解现有的核心业务，并且靠核心业务获利。问题是，你真的了解这些核心吗？你目前是因此获利的吗？

——克里斯·祖克

一　了解现行的市场力量

观察产业中的波动以及各种变化发生的速度，最好的方法就是评估公司目前在“聚焦、扩张、重定”（FER）的市场循环中处于哪个阶段，同时分析产业价值链中，目前和预期的获利分配状况。

1. 了解 FER 三阶段

要了解影响核心业务的现行市场力量，最有效的架构就是“聚焦、扩张、重定”循环，如下图所示。

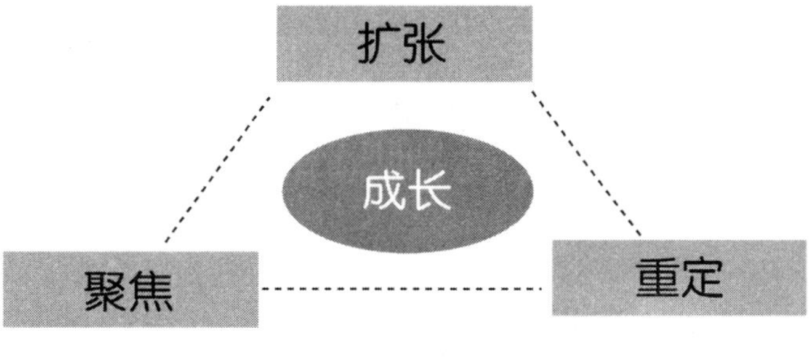

持续成长的企业通常会经历这种循环，依序

为以下 3 个阶段。

（1）聚焦阶段。

企业在这个阶段会清楚地界定出核心业务范围，并且在顾客心中建立主要的差异化特质，然后企业就会通过运营模式获取更好的成本效益。本阶段的目标是从核心业务中挖掘出所有的运营潜能。

（2）扩张阶段。

企业在这个阶段会扩张至相关的邻近市场，并且尽量拓展核心业务范围，借以延伸并扩大自身的优势。这个过程的主要工作是建立并应用可复制的成长模式。

（3）重定阶段。

到了这个阶段，企业开始锁定新的潜在获利空间。一开始会先强化现有的运营平台，因为从这个平台中才能找到适当的变革方法，并找出可与对手抗衡的新竞争差异来源。在重定阶段通常要投入大量资金，因为企业要取得新的能力和运营能量。

2. FER 三阶段的策略考量

如果能够确定公司在 FER 循环中所处的阶段，决策就能更加正确、及时。反复这么做，你就能够增加未来重振或维持获利成长的机会。FER 循环中的 3 个阶段，在策略上分别有其不同的优先考量。

在聚焦阶段，你会全心努力建立并占据明确的市场领导地位。要完成这个目标，你需要做下列 5 件事：①严格界定核心业务；②了解自己和竞争对手的差异；③试图比竞争对手更快速地降低成本；④设法防范市场新进者；⑤努力打消竞争对手再投资的念头。

当你转入扩张阶段，通常就是在奋力借助核心业务的经济优势来成长。你很可能会考虑进入邻近市场，例如新的地区或者新的销售渠道。在这个过程中，你要试图扩大营业范围，多进入几个市场。此时你需要持续进行核心业务的强化，也需要建立一套能够复制的扩张模式、获取更多的顾客意见。也许你会发现越是偏离核心业务，成就会越低。最后为应对市场的转变，你就会开始考量是否应该重定核心业务，然后另谋发展。在这个阶段，你需要找出未来要锁定的市场和获利空间，拟定完成差异化和领导地位的策略。

重定核心业务的第一步就是要去了解现行的市场力量。在实操上，这通常就是要想清楚公司目前在"聚焦、扩张、重定"的循环中，处于哪个阶段，在可预见的未来又可能会处于哪个阶段。

漫威漫画公司就是个很好的范例。漫威公司虽然曾经推出"蜘蛛侠""绿巨人"等一系列耀眼的英雄人物，却在1996年进入破产程序。该公司新的董事和创意总监发现，公司的隐藏资产其实是5000多个漫画角色，过去看过漫画的读者对这些角色都有深厚的感情。该公司不再把公司视为漫画销售商，转而和电影公司合作，将漫画中的英雄变成电影明星。到 2005 年，这项新策略的财务贡献就占了该公司 3.9 亿美元营收和 1.3 亿美元获利的一半以上。

关键思维

跟过去相比，现在有更多的企业面临必须调整策略的状况，这是因为世界变化的脚步不断加速，产业的波动已无法避免。贝恩公司的一项分析指出，在 20 世纪 70 年代，只有 15%至 20%的产业称得上发生了波动，也就是该产业的制胜规则有大幅变动，而且各竞争对手之间的相对定位也快速改变。相对而言，估计目前有多达半数的产业符合这个定义，而且短期内没有结束的迹象。

——克里斯·祖克

二　评估核心业务的现状

新兴市场不断扩大，你必须去研究这些变化对公司的获利能力和竞争差异来源可能产生哪些影响。

一般而言，有3种令人忧心的困境是你应该特别注意的，如果你公司出现其中任何一种困境，都表明你重定核心业务的时机已经到了。

1. 获利空间逐渐缩小

这将使你在未来获利更加困难。一旦获利下滑，就会形成恶性循环，你将无法再投资、无法吸引优秀人才，或是经营非核心业务。一个产业的获利空间，是指市场上所有业者运营获利的总合。如果市场上业者间的获利分配发生大幅度转移，就表明该产业正在发生剧烈变化，这些变化可能促使你必须重定公司的业务范围。

2. 新的运营模式或新的突破性技术造成的直接威胁

这类威胁通常会先拉走次要顾客，接着会再拉走曾让你获利较大的核心顾客。新运营模式或新技术可能会带来更低成本的经济结构、更高的运营效益，或前所未有的全新能力。公司如果遭到这种直接攻击，其攻击力可能会形成强大推力，让你不得不重定核心业务。

3. 既有成长模式陷入停滞或竞争差异日益消退

可能会产生这种困境的原因包括：竞争对手与你并驾齐驱、其他业者能够达到你一度具有绝对优势的低成本，或单纯因为公司本身的成长力趋缓。在市场上没有什么是永恒的，可能会因为市场有许多类似的业者、在某地区有效的做法并不适合其他地区，或是其他各种各样的因素，使你公司失去了成长的动力。

要评估核心业务现况，必须确切地诊断出目

前情况以及如果维持现有做法在未来可能会出现的结果。只要能对此加以预测，就可以先发制人，而不会等到被逼入墙角才不得不行动。越早察觉核心业务衰退的迹象，可行的应对方案就越多。

关键思维

一般有关策略革新的报道，通常会着重于特例，但是我们发现几乎所有成功或得以延续的革新案例，其成功来源皆是在企业核心业务之中或与之相近的隐藏资产，也就是不被看重或未来潜力被低估的资产。从我们研究的 25 个重定策略成功的个案中，有 21 个成功个案的新策略是以隐藏资产为关键。隐藏资产就是你已经拥有，但价值、特性或潜力尚未被完全认同或发掘的资产。公司越复杂、庞大或悠久，就越有可能拥有大量隐藏资产，其中有些可能包含了有待开采的“黄金”矿脉。

某些企业的规模实在太大，这些企业必须借由隐藏资产进行多项计划，才能在整体策略上产生积极成果。然而，事实上经理人并没有完全掌握这些资产，也没有采用全面、严谨或有创意的角度来看待它们。

——克里斯·祖克

三　找出可行策略

你要先研拟出与过去大相径庭的可行策略，以便在未来需要时可以派上用场。要注意的是，新策略必须要脱离现有做法，或是能逐渐和你原有业务区分开来。

当你了解核心业务的现状，以及是否面临3种常见困境中的任何一种之后，就可以开始构思可行策略。在操作上，必须根据你在“聚焦、扩张、重定”循环中所处的阶段，去选择你所需要的重点。

1. 聚焦阶段

在聚焦阶段，你要设法让竞争对手不再与你在核心业务方面进行竞争。此时你需要做好下列4件事：①明确界定并了解自己的核心业务；②增加所有可能做到的差异性；③持续降低成本；④让竞争对手了解你会做同等的投资。

2. 扩张阶段

在扩张阶段，你要积极主动地利用核心业务的优势。要做到这一点，你必须努力做好下列3件事：①建立可复制的成功扩张模式；②投入资源以取得更出色的顾客意见；③尽可能谨守自己的核心业务。

3. 重定阶段

当你的公司进入重定阶段时，在策略上就会出现一连串不同的优先事项。在这个阶段，要设法做到下列3件事：①重视未来的获利空间，而非市场占有率；②拟定新的差异化及领导地位的方案；③赶在潮流之前投资新的领域。

关键思维

在公司成长的历程中，一定会累积并培育出一系列隐藏资产，而事实证明这些资产往往就是未来策略的核心。这并不意味着靠这些资产就可以解决问题，也并不意味着不必将视野拓展到公司之外。相反，策略革新绝对需要一些新的能力。重点在于，许多革新的要件已经在公司中，可这些要件在未来能够扮演什么角色来带动成长，却从未被完整评估过。因此我们才会用隐藏资产的概念来予以说明，并不是企业忽略了这些资产的存在，而是其效用和真正的长期价值被大打折扣。

没有追踪和评估的资产，往往会被低估甚至被漠视，这或许并不令人意外。的确，要挖掘隐藏资产，就如同要找出在橱柜里蒙尘的大师名画一样困难，近在眼前的资产可能就具有价值，而此前仅仅是被忽略了。

当然，不是每家企业都有上述隐藏资产，也不是每项资产都会成为未来发展策略的关键。然而，的确有许多企业并未充分重视自己的隐藏资产，等到发现时却又为时已晚，这样的例子在全世界不胜枚举。一个经典的案例是，施乐公司帕罗奥多研究中心曾经研发出小型打印机的关键技术，而该技术后来占据了相当大的获利空间，但施乐公司却未因此获利。一项研究指出，依靠施乐未充分重视的技术和小规模业务起家的企业，价值已经大幅超越催生这些技术和业务的施乐公司。

——克里斯·祖克

四　发掘隐藏资产

如果重定核心业务的时机已经来临，你自然会想到全新的业务范围、新的能力，或某种突破性的技术。然而在此之前，你应该先停下来评估自己已经拥有哪些隐藏资产。很可能在现行业务中一个微不足道的角落，就可以发现被低估、被漠视或未被充分利用的资产，而这些资产就是再创辉煌的关键。

这些隐藏资产（可能正是你未来运营策略的关键）通常可以归为下列3类：①平台——可能成为你未来业务重心的相近产品或是非核心业务范围；②顾客——可以提供重要新见解的既有关系和人脉；③能力——或许可以整合应用你新的运营模式并使其无人能挡。

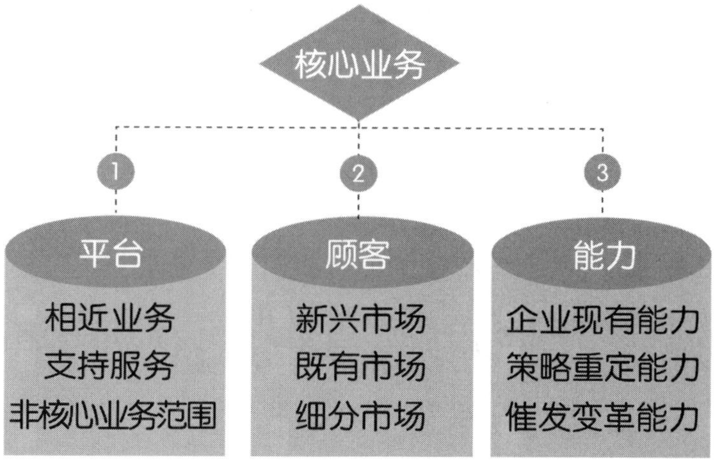

1. 平台

隐藏的业务平台有时就是企业重定核心业务和重振成长力的关键。一项针对“财富 500 强企业”进行的绩效分析指出，能够成功调整策略方向的企业有 30％到 35％充分地利用了企业原有的隐藏平台。

隐藏业务平台主要有以下 3 种类型。

（1）与核心相近的业务。

与核心相近的业务有：新的区域市场、新的顾客区分、新的产品或服务、新的销售渠道，或是价值链中的其他步骤。大部分想要成长的企业都会将重心转移至上述几种相近业务，但是如果想要有重大突破，企业还必须以不同的方式加以组合。

瑞典冰箱制造商多美达公司就是这个类型的最好例证。多美达以生产家用冰箱起家，随后进入旅馆的迷你吧台市场。该公司在房车市场要起飞之际，开始生产车载冰箱。由于房车市场的爆炸性成长，多美达每年都创造逾10%的成长业绩。

（2）世界级的支持服务。

这些服务业务起初通常是为了支持核心业务而设立的，然后快速成长为公司营收的重心。另一种情况则是，企业为了满足大客户的需求而在公司内部建立服务部门，不过随后发现这些服务其实具有更广泛的吸引力。

IBM公司就是这个类型的成功范例。1993年，IBM的首席执行官路易斯·郭士纳决定要在IBM的硬件业务之外，建立独立运营的服务业务。1996年，这项服务业务已经发展为“IBM

全球服务事业群”。2001 年，这项服务业务创造了 350 亿美元的营收，比其硬件业务的营收多出 20 亿美元，占 IBM 市值的 2/3 左右。

（3）目前的非核心业务或“孤儿”产品线。

非核心业务或“孤儿”产品线通常是指企业领导人没有全力投入，却有一定增长率的业务。这些业务是企业经营范围或产品线中的一小部分，已经建立多年，却没有人真正去经营。

通用公司是这个类型的最佳例证。通用公司在 1930 年成立了通用资融公司，协助经济大萧条时代的消费者购买新的家电产品。尽管通用资融在通用公司内一直被视为非核心业务，不过在 1980 年之前它仍然能稳定增长。20 世纪 90 年代，通用公司决定要更积极地经营通用资融。从 1990 年到 2000 年，通用资融进行了 170 次并购，到 2005 年，通用资融的资产已达 3940 亿美元，其利润占通用公司总获利的 35%左右。统计数据表明，在杰克·韦尔奇时代的最后 10 年，仅是通用资融就为通用的股价创造了 2/3 的涨幅。

因此，作为企业家或职业经理人，你必须定期检视以下问题。

◎ 我们公司的隐藏资产是什么，在哪里？

◎ 这些资产与核心业务的关系是什么？

◎ 我们是否真正了解各项资产的潜力？

◎ 我们采取哪些措施，才能更加充分地利用这些资产？

◎ 更深入地了解这些资产，能否为我们提供其他值得考虑的方案？

◎ 有哪些要素是我们一旦取得并加入原有资产之中就能创造额外的综合效益，并能借此创造更大的附加价值？

2. 顾客

如果想要成功地经营企业，就必须了解顾客的需求，并切实满足。如果能够以某种方式重新界定这层关系，就可以彻底地改变整个运营模式的本质。此外，经营的时间越久，能搜集到跟顾客有关的信息越多，也就能够通过对顾客的了解产生更有价值的策略。

通常有 3 项隐藏的顾客资产，可能在未来重定核心业务时成为重心。

（1）被低估的顾客。

被低估的顾客也就是你从未认真看待的顾客。如果更深入地研究其消费行为，你可能就会发现市场中有些顾客是自己拥有优势却未曾察觉的，可能的情形包括以下 3 个方面。

◎新兴的顾客，他们能带来极具吸引力的获利能力。

◎既有的核心顾客，过去因为某种原因而忽略其获利潜力。

◎垂直顾客，他们能凭借可复制的运营模式来加以吸引。

软件商欧特克公司是个很好的例证。该公司成立于 1982 年，销售个人电脑使用的辅助设计（CAD）软件。后来，该公司在原本的套装软件之外，推出了针对建筑师和工程师的新产品。这个独特产品的销量远远超过其他产品。1986 年，欧特克总共销售了超过 4 万套的 CAD 套装软件，并借此跃升为世界第五大软件商。然而到了 20 世纪 90 年代晚期，欧特克采取了新的发展路线，想要转型成为网络公司，却陷入困境。为了重振公司旗鼓，欧特克的新任首席执行官重建了该公司与核心顾客——工程设计师的紧密关系。该公司为目标顾客研发了新的三维模型建立与模拟软件，并采取会员制的运营模式，以合理价格让顾客取得升级软件、外挂程序和其他改版软件。目前该公司年营收增长率再度攀升到 16％以上，并重新回归业界的权威地位。

（2）被低估的顾客接触渠道和影响力。

在经营一段时间之后，企业通常都能积累大量的顾客信息，却也常常未能充分重视或利用这一切。

在这个类型中，创立于 1880 年的钻石贸易公司戴比尔斯是个绝佳的例证。戴比尔斯曾经一度控制了全球钻石市场75%的供应量，但是到了1999年，其市场占有率却下滑到低于40%，利润几乎为零。为了扭转颓势，该公司决定要好好利用其品牌名称和顾客资料。戴比尔斯重新定位为掌管全球钻石梦的公司，而并非仅仅是主导或操控钻石市场的公司。在实施这项新策略之后，戴比尔斯的市值从1999年的10亿美元增长到2001年的93亿美元。

（3）独家的顾客信息。

独家的顾客信息可以用来改变、加强或拓展顾客关系。

◎某家一直专注于销售机器的医疗设备公司，可能突然想到自己多年来搜集的数据可以用来更准确地预测设备何时会出现故障，以及会对使用者健康造成何种影响，这些信息可能对健康保险业者或其他人有非常高的利用价值。

◎联邦快递公司在业界首创包裹即时追踪服

务，引发了快递产业的革命，也建立了其他公司必须达到的标准。

◎大型零售商能够运用消费数据更准确地预测顾客未来想要购买的产品或服务。这使得这些零售商能够比缺乏相关信息的竞争对手拥有更高的运营效能。

◎耐克等运动品牌，多年来搜集了许多运动员的表现数据，如果这些资料能够和强化运动员表现的计划联系起来，就可能会产生相当令人欣赏的产品或服务。

整体而言，你的公司可能已经拥有类似的大量资产，却不曾好好地运用。其中任何一项资产，或是多项结合起来，就可以在必要时帮助你重定核心业务。

要注意到这类隐藏资产，必须不断地厘清以下问题。

◎谁才是我们真正的核心顾客，这群顾客未来还会有哪些改变？

◎为了真正在核心顾客心中建立差异化的形象，我们做了哪些努力？

◎我们拥有哪些资料库和知识库，又采取了哪些措施来探究它们的潜力？

◎我们对顾客有什么样的影响力，又该如何充分利用这些影响力？

◎我们认为未来的关键获利空间何在，又该如何定位才能取得？

3. 能力

能力是企业的基石，能够用无数方式进行组合运用。通常只要几项关键的能力，就足以证明你是市场领导者还是泛泛之辈。以独特的方式结合运营能力，就能够建立起可复制的成长和成功模式。

能力是实现目标的方法、技术等的总和，一家企业的某些核心能力会很明显，而某些则被隐藏起来。这些被隐藏的能力可能在你将来重定核心业务之际扮演重要角色，它们通常会出现在下列3种情况中。

（1）企业既有的能力。

企业既有的能力日后可以应用在部门或产品线上。这类能力有很多种形式，虽然可能不容易辨别，却是重定核心业务的强大推动力。

宝洁公司就是充分利用这种能力的绝佳例证。1998年至2001年，宝洁的营收从60亿美元下滑到47亿美元。2000年首席执行官雷富礼上任时发现，公司未来发展的关键在于开发分析消费行为的能力，并找出可以指引产品研发方向的独到见解。由于宝洁采用了消费者导向，因此能够率先推出符合消费者真正需求的产品，让旗下许多品牌又重新站上市场的领导地位。宝洁充分地利用自身既有的能力，使营收从2001年的47亿美元增长到2006年的132亿美元。

（2）管理团队所具备的运营模式重建能力。

管理团队所具备的运营模式重建能力可以重新界定并提升公司带给顾客的价值。

波士顿科技公司建立于 1979 年，该公司在低侵入性手术技术行业中一直名列前茅，1997 年的营收约为 19 亿美元，等同于当时市值 120 亿美元企业的营收。后来这家公司发生了产品回收及会计丑闻等事件，导致市值到 2000 年年底时已下滑了 50%。首席执行官吉姆·托宾上任后，实行了 3 项措施：①制造卓越的产品；②加强研发能力；③并购一家在心血管手术领域有世界级领导地位的企业。

借着并购世界级企业的契机，并加强运用公司既有却未被充分利用的能力，该公司营收在 2006 年增长到 63 亿美元，公司市值也随着公司的进步而提升。该公司的现况与 2000 年时有着极大的差异，然而所凭借的基础却是 2000 年时就拥有的能力，只不过是同样的能力被公司更加充分地利用了。

（3）催发变革的能力。

在努力建立新核心时，催发变革的能力可使

这个新核心的价值优于旧核心。这其实就是要运用同一套能力，孕育出和过去的业务范围完全不同的新核心业务。

以这种方式重定核心的成功范例非苹果公司莫属。2005 年，苹果公司在全球个人电脑市场只有 3%的占有率。但该公司在 2001 年推出了 iPod 音乐播放器，并在 2003 年推出 iTunes 线上音乐商店。iPod 正是苹果公司运用自身核心能力的成果，它结合了贴心的设计、品牌的效应以及方便使用的软件等优秀产品要素。然而，要让 iPod 真正具有吸引力，苹果公司还必须以完全合法的方式取得顶尖唱片公司的音乐版权。

苹果公司之所以能做到这一点，是因为推出了一个能够做好数字版权管理的专属平台，而数字版权管理就是阻碍以往尝试让音乐可以从网络下载的绊脚石。目前估计，iTunes 占领了 80%的音乐下载市场，预期这块市场在未来几年中，每年都会有 60%的增长率。苹果公司的市值随着

iPod 的成功而水涨船高，从 2003 年 6 月的 70 亿美元增长到 2006 年 3 月的 550 亿美元。据估计，仅 2006 年 iPod 在全世界的销售量就超过 3900 万台，而 iTunes 每天可以售出超过 100 万首歌曲。

如果你的公司跟大多数企业相差不远，那么你追踪本身能力的成效大概不佳。这通常是因为这些能力牵涉到多个部门，没有人对此全权负责，或者可能是因为缺乏足以验证差异性的明确外部标准。找出核心能力的最好方法，是要更仔细地检视公司的价值链并以价值链为基础厘清下列问题。

◎从顾客的观点来看，价值链中的哪些部分创造了最大的价值？哪些部分和最大的获利空间相关？就价值链中最重要的部分来看，必须具备什么样的能力？在这几项能力中，有哪几项是你与竞争对手之间差异最明显的？公司有多少获利是因为这些差异而产生的？你是否能够确切评量这项优势，并追踪其成长或下跌的趋势？

◎在预期的行业发展趋势下，上述几项状况在未来可能有什么变化？

五　修正并加强策略方案

挖掘出隐藏资产后，就可以运用全新甚至独特的架构设法整合这些资产，并不断尝试，直到彻底开发出最强大的组合为止。

一般而言，可行的成功发展策略具有以下 3 项特征：①必须以健全而长久的获利空间为目标；②必须真正和竞争对手有差异；③必须能够快速执行，并具有较高的成功概率。

在深入研究自己的核心能力时，要谨记下列 5 种能让核心能力变成未来成长策略的关键方法。

1. 加倍

大幅投资于核心能力，使该项能力提升为组织竞争优势的关键来源。IBM 对其服务业务的投资就是很好的例子。

2. 扩大

让核心能力带你进入全新的消费市场。例如，苹果公司利用其设计、软件及顾客分析能力，进入数字音乐播放器及下载音乐的市场，进而扩大业务范围。

3. 延伸

将自身的核心能力和外部取得的资产结合，创造出全新而独特的成果。例如，罗氏药厂就是遵循此模式的最佳范例，该公司先并购生物遗传工程公司，再进入基因药物市场。罗氏药厂通过这项并购，将业务重心逐渐转至以生化科技为导向的产品。

4. 结合

将核心能力和隐藏在组织角落的既有能力结合并创造出全新的成果。例如，波士顿科技公司通过这种方式获得成功。

5. 提升

将过去强大的能力恢复到原来的水准，并使

其成为新策略的驱动力。例如，艾培拉生物技术公司采取这种方式，利用原有的知识库和专利服务基因定序市场，并获得成功。

如果只由少数人组成的管理团队来进行这项工作，通常不太可能找到正确答案。在讨论过程中，需要注入崭新的思维和观点，由组织内各级成员广泛参与，才能找出并运用闲置能力和隐藏资产。因此，在研究新颖、有获利潜力的新策略方向时，最好动员全体成员贡献力量。要花上足够的时间，并广纳意见，才能让隐藏资产有现身的机会。

关键思维

最理想的核心业务革新蓝图，并不一定需要热门的新市场、率先采用尖端的新科技，或是大规模的并购。重定核心策略最成功的企业多是运用手边既有的资产，或是容易取得的资产。我们发现，关键资产常常被隐藏起来，但是只要善于运用这些资产，就能让公司变成无人能挡的行业巨头。

——克里斯·祖克

六　评估各项方案并择优实行

要决定该运用哪些隐藏资产，往往必须明确以下问题：我们是否能在目标核心顾客的心中真正建立起差异化的形象？我们是否能保持自己的竞争优势？我们是否能新增必要的能力，以充分运用这些隐藏资产？我们的组织是否具有实行新策略的能力？

在决定如何最有效地重定核心业务时，要记住在波动的市场当中，大约只有 20％到 25％的企业能成功做到重定核心业务，而对那些真正能成功的企业来说，以下 4 种观念必不可少。

1. 要成功重定核心业务，一定要先聚焦于核心顾客

企业最重要的资产就是顾客，而不是产品、服务、平台和能力。要开发新策略，就必须清楚地了解你的核心顾客。

2. 要成功建立差异化，你预计要运用的隐藏资产必须满足4个关键条件

◎ 明确而可评估的差异性。

◎ 为顾客创造出具体价值。

◎ 能开辟稳固而庞大的获利空间。

◎ 一旦具备必要能力就可立即利用。

3. 要发现隐藏资产，通常需要有新的视野

首先要打破目前蒙蔽你观点的心理障碍和偏见。一般来说，隐藏资产并非完全看不到，而是没有运用正确的方式去观察。要有挑战所有可能性的心态，不要被过去的成功模式牵绊，并且要用崭新的观点去看待公司和公司的资产。许多公司的重定计划是在新的首席执行官就任后才开始的，因为他能不带偏见，以全新的眼光看待公司业务。

4. 要更加充分地利用隐藏资产，一定要改变企业的组织架构

企业组织架构的问题，通常要用去你大量的

时间和精力才能管理好。你必须能够解决以下几种运营上的问题，才能更加充分地利用隐藏资产。

◎是否要在变革开始时，成立专责部门来监控和推动变革？

◎要如何让公司的每一个人都能接受必要的训练，使大家能够进入新的领域？

◎产业中的波动是否表示改变的脚步正全面加快，如果是，我们又该如何加速内部流程来应对？

◎必须取得哪些新能力，又该如何取得？

◎在推动变革的过程中，要如何形成关键决策？

七　全心全意朝目标前进

决定了新的运营策略后，就必须全心全意朝目标前进，此时必须专注于下列3个关键领域，才能让企业立于不败之地。

◎持续充分沟通，以达成共识。

◎建立指标，以便即时评估进展并改正缺点。

◎设置专责部门，以掌控进程、提供支持和解决问题。

除了专注于上面3个关键领域外，还必须充分了解以下管理策略规划和资源配置的最佳做法。

1. 一定要先明确界定核心业务

如果不了解如何做到差异化并赚取利润，不论做任何改变都将徒劳无功。在尝试进行任何变革之前，一定要先对自己的核心业务有非常清楚的认识。

2. 全力开发既有核心的潜能

不要为了寻找新的热门市场、令人兴奋的科技或吸引人的机会，而放弃目前可行的做法。在尝试进行变革之前，要先评估既有核心的真正潜能，并妥善加以利用。

3. 仔细思考目前自己是否具有领导地位

判断自己是否能真正掌握获利空间以及在细分市场是否具有领导地位。如果想放弃领导地位，一定要三思，因为那可能占你公司目前市值的一大部分。

4. 要找出所有和目前核心业务相近的投资机会

可能有无数种机会，但你无法一一尝试，所以要设立明确的评估标准，才能在各种选项中作出决定。要有条不紊地去执行相关决定，不要脑中浮现出一个构想就盲目去做。

5. 尊重可复制的威力

如果你已经建立一套成长模式，且该模式一直能让你顺利进入相近市场，那么就去分析如何让这套模式成为主要的成长引擎。拟定出一套独特的方式，配合企业的能力组合，并充分利用既有的内部技能。

6. 如果发现走入死胡同，就要回头聚焦在核心顾客身上

不要管投资银行家或顾问等人给你的建议，要观察顾客的消费周期、顾客的整体效益、顾客区分、顾客荷包的占有率，以及其他明显的相近业务，借以得到新的顾客意见。如果你不确定最适合的发展方向，就要回头研究核心顾客，开发出他们喜欢的商品。

7. 避免误判

谨记“聚焦、扩张、重定”成长循环。有时应该全心开发核心业务的潜能，有时应该投资在相近业务上，有时应该积极重定核心业务。太早放弃有获利潜力的业务和过度坚守在衰退中的业务一样，都会对公司造成严重的损害。

8. **尽量发掘隐藏资产的力量**

因为这很可能让你在未来占据有利的位置。某些在过去不属于业务重心的既有资产，很可能在未来成为公司发展的关键。要让公司的管理团队把寻找、了解和挖掘各种隐藏资产当做优先要务。

9. **提升公司的能力**

在适当时机给公司增添所需的新能力，可以强化核心业务，让公司重振旗鼓，并大大拓展业务范围。定期盘点公司的能力，了解哪几项能力是差异化的关键，并持续评估公司的能力与竞争对手相较之下的优劣。

10. **不要低估聚焦的力量**

企业就像植物，有时必须舍弃脆弱的部分，才能集中能量，让主干更强壮。企业常常将触角伸得太广，然而缩小发展重点才是追求成长正确的第一步。

关键思维

集中精力去了解既有的隐藏资产，并在其基础上发展，若能做到这一点，就会比直接跳入全新领域更有机会成功。此外，对于奋力想要重燃成长力的企业而言，要创造经济价值最可靠却最常被忽略的方法之一，就是去思考缩减甚至撤掉部分重心以换取成长。

——克里斯·祖克

创造价值的秘诀

Deliver!

How to Be Fast,

Flawless and Frugal

作者简介

吉姆·钱皮（Jim Champy）让企业界掀起了一阵改造风潮。他曾独著或与人合著《改造管理》《跨组织再造》《改造保健》《改造企业》等。同时，他也是经验丰富的经理和业务顾问，曾担任戴尔服务咨询业务的名誉主席以及多家公司董事。

本文编译：林俊宏

目　录

主题看板

创造价值才是王道

面对瞬息万变的经济环境与竞争态势，任何企业都必须经受严峻的考验，要持续生存下去，就必须创造出更多的价值。

不断地创新与改善产品是企业取得优势的好方法，但其根本却在于如何在每日的业务运营中发挥优势。英国嘉顿集团并购“Ball”公司之后，从根本入手，开源节流，将所节流的成本用于产品创新与拓展，造就了一个并购成功的案例。

美国海军建造核潜艇时，为了降低建造费用，负责人持续不断地与建造商沟通，建立共同的目标、整合设计与制造团队，共同开发更有效率且更节省成本的建造技术及流程，在10年之后终于实现了预期目标，并且大幅减少了建造时间。他们靠的就是持之以恒的努力。

持之以恒就能够积小胜为大胜。不要妄想一步登天，应该扎实地一步步做好。实用电力公司创立之后，引进类似六标准差的跨部门精实企业计划（LEAD），每日、每周密集召开员工会议，找出问题并加以解决。同时，实用电力公司将这个方法应用在与并购企业融合的过程中，使得并购成功率大幅提升，也使得公司能够快速成为优秀企业。

在推动企业进步的过程中，尤其在企业陷入困境时，专注与纪律就显得相当重要。汤厨公司曾一度低迷，为了扭转颓势，该公司大刀阔斧地变革，更专注于食品品质提升与产品创新，终于翻转局势，再度回到能够持续成长的轨道。

当然，降低成本为客户创造价值是企业持续进步的最佳方法。有些企业常常陷入品质与成本难以兼顾的局面。但美国加州酒庄“宝林庄”（CLOS DU BOIS）运用各种方法降低生产成本，却仍能兼顾品质，并获得大企业的青睐。

企业经营万变不离其宗，能够持续为客户与关系人创造价值才是王道。但是在创造价值的过程中，必须扎实地完成许多细小但是重要的基本功——强化基础、持之以恒、一天一小步、专注与纪律、提升品质，这些都是成功的关键因素。

5分钟摘要

如何创造更多的价值

企业必须时刻追求进步，获取更高的价值以维持市场地位。公司的领导者必须把握五大关键因素才能为公司创造更大价值。这五大关键因素包括强化基础、持之以恒、一天一小步、专注与纪律、提升品质。

现今经济局势严峻，如果要继续进步，企业必须采用新的商业模式，除了要比对手更敏捷、更能吸引顾客，还要从根本上采用不同的运营方式。

任何时候我们都相信，最佳的业务和管理思想不是来自学术的象牙塔，而是来自企业本身。实用的想法多数来自日复一日的实际竞争。每个企业都独具特色，他们面临的问题更是千差万别，只用单一方案并不能解决所有的问题，而是要根据实际情况巧用多种解决方案，解决每一个问题，才能让公司不断进步、确保成功。

创造更多价值的五大关键因素		
❶	强化基础	改善基本流程
❷	持之以恒	持续关注如何降低成本
❸	一天一小步	别想一步登天，而是要让每天都有小小的进步
❹	专注与纪律	针对所做的事，永远要确保专注和纪律
❺	提升品质	找出实际的方法，在每个价格点上都创造更高的品质

1. 强化基础

推动产品发展和创新的最佳办法就是不断改善日常业务流程。先改善制造、质量管理、物流和包装流程，从中节省成本之后，再将所节省的成本用于产品创新。

2. 持之以恒

“持续改善是种老派的做法，已经不太流行了。”是这样吗？其实并非如此。像国防承包业务这种花钱如流水的领域，也能成功运用“持续改善”的技巧。

3. 一天一小步

许多公司都想找到一步登天的做法，但请放弃这种不切实际的想象。要冷静接受目前的现实情况，找出切实可行的办法，让每天都有进步。

4. 专注与纪律

如果你发现自己需要转型，请把握住两个对未来成功至关重要的因素：专注与纪律。

5. 提升品质

21 世纪企业竞逐的目标，就是要在不牺牲品质的前提下提高效率。只要找出可行的方式、在运营的各个价格点上提供优秀的产品，就能无往不利。如果能在降低成本的同时维持甚至提升品质，就能获得强大的竞争优势。

没有绝对保证成功的模式。你必须针对自己的公司、所在的行业、自己的资产组合，找出真正有用的方法。最好是先从别人成功的案例中找出一般原则，再依照自己企业的特点加以调整利用。

一　强化基础

推动产品发展和创新的最佳办法就是不断改进日常业务流程。先改善制造、质量管理、物流和包装流程，从中节省成本之后，再投入到产品研发之中。先省下小钱，就能赚到大钱。

罗兰·富兰克林是英国一位著名的企业家，他的儿子马丁·富兰克林在2000年提出了所谓的“反网络”经营理念，集合了许多属于“传统经济”的品牌，并将其全部纳入嘉顿集团旗下。到了2009年，嘉顿集团超过100个品牌带来了54亿美元的营业额，这些品牌分为消费产品、户外产品、耗材三大类，包括野营装备、家用警报器、体育用品、咖啡机、厨房用品等多种商品类别。现在，嘉顿集团是沃尔玛的顶级供应商，也是中国海运集装箱货物的第13大进口商。

嘉顿集团所有的品牌都使用集中采购方案，因此各品牌都能得益于集团整体的购买优势，从而压低原料价格。然而，嘉顿有三大机制并未采取集中方案，即销售、产品开发、创新。每个品牌都要自行将运营效率最佳化并提升日常计划的执行度。

嘉顿集团投资创新的方式值得借鉴，其基本做法如下图。

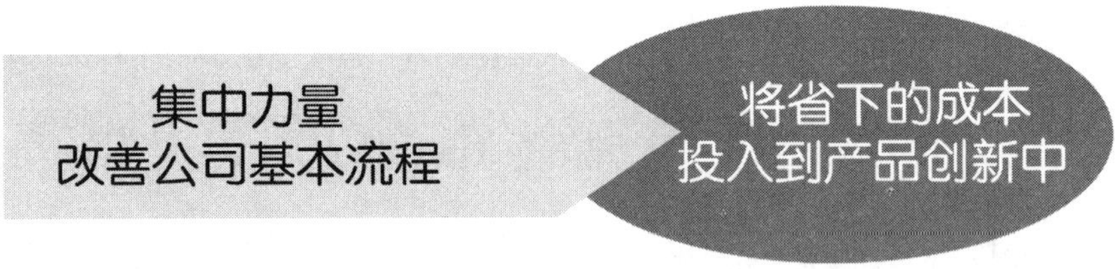

以嘉顿集团并购“Ball”公司为例，阐释其投资创新的方法。Ball 是家用瓶罐及设备的市场龙头。马丁·富兰克林成为该公司的首席执行官之后，立刻做了以下 4 件事。

◎出售正在亏损的塑料业务。

◎解雇 23 名员工，将总公司迁至较小的办公室。

◎收购一家制作真空封口机的公司。

◎重建销售团队。

这些做法的目的，都是要释放出现金流，以便用于创新。在认定要生产消费产品之后，公司便开始研发广口设计、方便使用的食品储存罐。另外，广口罐不采用纸箱包装，而是使用塑胶收缩膜，以提高对消费者的吸引力。同时公司也开始销售一些已经装好饼干粉的广口瓶，或是推出套装瓶罐组合并附有如何制作果酱、果冻、泡菜等的食谱。

嘉顿集团做了以下8件事，为客户创造了更多的价值。

1. 被收购企业的首席执行官自行提出财务方案

嘉顿集团不指定被收购企业的首席执行官如何经营业务，而是让他们自己提出财务方案。嘉顿会给旗下各首席执行官自由经营的空间，除非他们明显无法应对挑战，否则不会轻易撤换。

2. 教导所有员工摆脱现有包袱

让人人为成长而努力，也让员工意识到如果自己的表现一直不佳，就会落到竞争对手身后。

3. 密切注意旗下各公司的发展

如果某公司未能稳定降低成本或是提升生产效率，嘉顿总公司就会收到警讯。对运营状况进行持续管控，才能找出弱点、加以回应。如果现有员工无法找到正确的发展方向，就要为团队注入新鲜血液。

4. 找出产品中隐藏的价值

为现有产品及服务找出新用法，就能为客户创造出更多价值。例如，Ball 公司原来属于食品保存业，但将其定位改成消费产品公司之后，就大幅地提高了产品广度。嘉顿集团已多次采用同样的方式，并且都得到了令人印象深刻的成果。

5. 让员工知道发展方向

向员工解释清楚为何需要改变。此外，还要积极征求员工意见，并尽可能反馈。

6. 为未来领导者提供升迁渠道

让员工知道，只要表现良好就有升迁机会。公司要建立良好的用人机制，用最好的经理人来带领、引导后起之秀。这不仅能让公司在未来处于优势地位，也能带来一些有价值的思考和见解。

7. 维持薄型企业状态

不要创造出巨大的公司官僚体系，要充分授权给各业务部门的管理者，并让他们负起责任。重要的策略决定必须由全公司来决定，但除此之外，应该将权力下放给真正在第一线了解情况的人。

8. 不要浪费公司规模的优势

要充分利用公司规模的优势，取得更佳的购买价格、达到更高的运营效率。

关键思维

我们不能因为过去的成就而停止努力。一旦

变得自满，就会以最快的方式失去市场领导地位。

——马丁·富兰克林

我们不会在集团里养一群自以为知道旗下每家公司该怎么运营的书呆子，而是让业务的执行者同时接到运营部门和集团的业务指派。这会让他们的工作更有趣、更充实，也让他们有机会获得在集团其他部门的工作经验。同时，这也减少了人力成本。我们不会因为自己收购了某家公司，就觉得自己更好、更聪明，这样也就避免了骄傲的问题。我们的座右铭是“做最坏的打算，但抱最好的希望”。

——詹姆斯·李利　嘉顿集团总裁

二　持之以恒

“持续改善是种老派的做法，已经不太流行了。”是这样吗？其实并非如此。像国防承包业务这种花钱如流水的领域，也能成功运用“持续改善”的技巧。所以，别忘了要以稳定、持续改善为目标。

为美国海军建造一艘核潜艇，绝对不是轻松的事。美军最新的弗吉尼亚级潜艇，共有超过100万个零件，大约是一架波音777客机零件数量的10倍。更困难的是，潜艇必须在最极端的条件下仍能正常运行。总而言之，建造核潜艇是一项艰巨的挑战，因此，每艘潜艇的建造费用超过20亿美元完全合理。

1995年，美国海军准备建造30艘弗吉尼亚级潜艇，每艘预算为22亿美元。然而，首艘潜艇建造时，就超支了2亿美元，即建造潜艇的单价为24亿美元。当时的美国海军上将穆伦无法接受这个价格，宣布海军未来支付的潜艇单价不得超过20亿美元。

这项命令在潜艇建造商之中引起一阵骚动，由于潜艇的相关劳动力及制造成本其实只占了总成本的1/3，所以他们必须尽快持续改进所用的整体策略，才能实现新的预算目标。

美军指派军官戴维·约翰逊负责执行和协调减少成本的方案。约翰逊做的第一步，就是让两家相互竞争的建造商组成一个团队，设法合作降低成本，而这需要两家厂商放下长期以来的竞争心态。对厂商而言，降低成本符合双方的长远利益。

于是，他们开始重新思考潜艇的设计，如果采取分区段或模组的方式来建造，就能够在干坞中组装。而在过去，传统做法是将所有建材通过舱口运进潜艇，在船壳内部组装。显然新方法确实能够加快建造速度。最初，100 多米长的船体共分 10 个模组来建造，但最后减少到 4 个模组即可。

潜艇采用数字化设计，因此所有人都能及时得到最新的设计。潜艇的基本空间设计也进行了修改，以确保在两个模组的组合处不会有笨重的组件。另外，建造商还调整了一些较小的设计，以使建造流程更顺畅。

他们重新设计了电子系统，采用标准规格的零件，不需要特殊的安装系统，就能够装入标准中央机架。这样做除了较便宜，在未来科技进步之后，子系统的升级也更容易。

经过许多改进以及一个接着一个的调整之后，弗吉尼亚级潜艇的建造单价，从第一艘所需的 24 亿美元，降至 2005 年的 20 亿美元。虽然每次改进所省下的成本越来越少，但节省的总数还是在不断增加。据统计，潜艇的建造方案已有超过 100 项的改进。这些改进不仅节省了成本，而且节省了时间——建造一艘潜艇所需的时间也从 84 个月减少到 60 个月。

从这个国防工业的成功故事中，我们可以学到以下经验。

1. 打破部门间各自为政的情形

让设计师和制造商同心协力、朝共同目标迈进。如果能找出更容易、更便宜的制造方式，就能省下非常可观的费用，甚至也可以建立共同的数字平台，交流种种关于重新设计的想法。虽然这一点并不是什么严谨的科学成就，但可以让设计者和制造商双方合作交流，避免内耗。

2. 设定远大、无畏的目标

远大、无畏的目标才能满足全新的设计需求。

3. 唤起人的使命感

人在保家卫国的时候，能产生惊人的力量。如果企业的使命能够激励员工，让每位员工都知道只能成功、不能失败，就可以取得更大的成就。

4. 直指上游源头

研究你卖给客户的零件，看看如何让客户以更便宜、更方便的方式使用。可能只要你这里做点设计上的小改变，最后就能为你的客户省下大笔资金。

5. 一切透明

虽然保密很重要，但想让员工共同合作并降低成本，就得先让他们知道究竟发生了什么事。美国海军参考飞机制造业计算燃油消耗量的方式，设计了“弗吉尼亚级滑翔降落表”。由于成本降低方案的种种措施环环相扣，“滑翔降落表”能让每个人都知道现在的成本降低计划已经到了哪个阶段。想让人人参与降低成本的过程，就必须让他们有可以参照的明确指标。

6. 找出信息科技的重点因素

在现今社会上，还有许多企业并未使用所有的现代科技，这实在令人难以置信。只要有适当的新工具，就应该好好利用。这样一来，很多事情就能做得更好。

关键思维

我们都希望成功，我们真正找出了共同的目标，合作的过程中也建立了信任。完成工作、以合理价格建造高品质潜艇是我们共同的目标。

——约翰·霍曼德

三　一天一小步

许多公司都想找到一步登天的方法，但请放弃这种不切实际的想象吧！要冷静接受目前的真实情况，找出切实可行的办法，让每天都有进步。

1999 年 12 月，应用电力公司将一部分电子业务独立出来成立新公司——实用电力公司。不久后，实用电力在纽约证券交易所挂牌上市。2000 年，该公司营业额为 4.82 亿美元，债务也在 4 亿美元以上。但是仅用 10 年，实用电力的债务就大幅降低，员工人数从 1200 名增加到 1 万多名，销售额也增长了 4 倍，达到每年 17 亿美元以上。

这是怎么做到的？2000 年 7 月，鲍勃·亚兹巴赫出任实用电力首席执行官，他上任后实施了

“跨部门精实企业计划”（LEAD）。实际上，LEAD是一个类似六标准差的精实生产计划，侧重于提高业务单位的运作效率，并强调流程、工具、结构、期许和报告政策。LEAD的重点是要让运营和管理监督每天都有改进，参与LEAD计划的员工，需要每日、每周开会，讨论及评估改善的情形。

LEAD的另一项主要优点，在于它具有使收购成功的框架。实用电力成立至今，已经收购了近30家公司，而且收购之后的运营成功率十分高。它收购的产业跨度广，包括造船、石油天然气、铁路、电力和农业等等。不论在实质审查或是整合阶段，这些收购都采用了LEAD计划，以多种方式提升新收购公司的运营效率。

实用电力公司的收购—整合模式较为特殊，它有一连串密集、有组织的会议。与会者包括被收购公司的高层管理人员，以及实用电力各层级的相关人员，他们组成多个小组，每个小组由两到三人组成，会期超过 90 天。每 30 天，所有的小组要集中报告进度。这样便可梳理出所有的日常工作细节，也让新加入的公司熟悉实用电力的员工和文化。这种做法能让相关的人彼此传递信息，而不是由首席执行官从上而下制订规则。

此外，LEAD 支持小组会为被收购公司的领导和员工做一小时的简短报告，涵盖公司的所有业务及 LEAD 计划的培训内容。此外，也安排其他活动来模拟及展示实用电力希望被收购公司未来如何表现。LEAD 支持小组会公布及展示实用电力现有的最佳实务和新科技，鼓励新员工参与。

总而言之，实用电力公司的重要经验有以下 6 点。

1. 加入收购行列

全球经济衰退的时候是企业通过收购来实现目标的良机。目前，世界上到处都是正在挣扎求生的企业。收购一家适合的公司，就能提升你的运营技巧，并为原来的公司带来迫切需要的改变。

2. 做好面对惊奇的准备

为了整合收购的公司，一定要有实质、深入的调查，但不论事先多么审慎，还是会有或好或坏的惊奇出现。而你唯一能做的，只是努力尽早发现它们，并找出适合的处理方式。

3. 不要忽略收购时关于人性的一面

要让被收购公司的员工知道，你还需要他们。你要帮助他们接受成为新团队成员的事实，并鼓励他们接受你的企业文化。这样他们就会看到自己的前景一片光明。

4. 要习惯把重点放在事情的光明面

要像成功人士一样，握紧想要成功的动力。实用电力公司有一个被称为“喂老鹰”的计划，即只要是对公司有贡献的员工（老鹰）就会得到表扬和提升。这个计划能激起员工想要进步、不断超越的欲望，从而愿意和公司分享成就。在商业环境中，正面积极的态度永远会比威胁和压力更有效果。

5. 让好事传千里

只要是好点子，就不要舍不得说。如果有可以增加价值的理念或是实操方法，就要让全公司的人都知道。

6. 精实

想在制造业维持竞争力，精实就是关键。制造产品的时候，要致力于持续进步。但也不要掉入想一次改变全套工作流程的陷阱。就像摘水果的时候从低处摘起一样，改变工作流程要先从可以轻松、快速改变的做起。实用电力的专家小组会为各个单位提供意见和咨询，帮助员工采用精实生产的方式。这个方法的优点在于让第一线的员工参与决策过程、找出最佳的解决方法。

关键思维

我们检查工作中所有的问题，然后试着解决

这些问题。我们防患未然，多半都在事情未发生前就进行相关干预。

我们收购公司，不是要它们关门大吉再吃干抹净，是因为看到其中的价值，希望创造出“一加一等于三”的加成效果。

我们并没有独立的研发中心来开发梦想中的产品，而是有真正能够沟通的管理团队。公司最上层的100人彼此熟识、共同努力。我们有一种非常不官僚、人人都可以走进高层办公室讨论的心态。

——鲍勃·亚兹巴赫

四　专注与纪律

如果发现自己的企业需要转型，你要让一切回归基本状态，努力把握这两个对未来成功至关重要的特质——专注与纪律。这绝对是成功转型的重要方法。

在百货店中，汤品是最大、最赚钱、流通最快的商品类别。汤厨公司目前是汤品市场的龙头，在这个行业里，没有任何公司能有这样的影响力。

2001 年，道格·康奈特出任汤厨公司的首席执行官，当时公司正处于低迷状态。汤厨从 20 世纪 90 年代开始提高价格，和超市的自有品牌拉出价格差。这使得汤厨的销售量严重下滑，而公司的应对策略是大砍销售预算、大规模降低成本。当时，汤厨对鸡蓉面汤这种代表性产品也进行了一番调整，希望能让误入歧途的公司回到正轨，但效果并不明显。从1997年到2000年，公司的浓缩汤系列（占总销量一半以上）销售额下降了20%以上。

由于深陷危机，汤厨公司的员工变得越来越保守。例如，有人建议降低烹调过程中的温度，以提高汤的质感和味道。但因为这需要耗资1亿美元，这一建议就遭到了否决。接着，对手通用磨坊公司旗下品牌率先推出低温加工制品，而汤厨不得不紧随其后。简而言之，最后公司还是花了1亿美元，但通用磨坊食品公司得到了所有的名声和先发优势。

道格·康奈特一上任，就审视了公司的高层组合，他发现其中多半人之所以待在汤厨，是因为他们根本找不到别的工作。于是，在公司高层的350人中，有300人遭到解雇。很快，康奈特就有了“天鹅绒手套中的铁拳”的名声。他也开始意识到，汤厨现在的危机是多年的失误所致，而要修正回来将会需要更长的时间。

康奈特在汤厨实施转型策略的关键要素包括以下3点。

◎康奈特下调了分析师对汤厨的盈利预期，并削减了30%的股息。这使得汤厨的股价暴跌，但这个大动作释放出一些资金，可以用来投资长期的成长和创新。

◎康奈特筹划了10年发展方案——“汤厨的旅程”。该方案强调要改变汤厨的文化，拥抱以目标为导向的创新，要成为“世上最不平凡的食品公司”。

◎康奈特努力打造汤厨的企业文化——“公司重视员工，员工重视公司”。康奈特推出了年度表彰典礼，还安排定期的午餐会，让员工坦率提出意见。此外还有种种措施，都是要让员工知道自己有多么受到公司重视。短短两三年的时间，外部组织也开始看到这些变化。从2008年开始，盖洛普集团将汤厨列入“美国最佳工作场所”名单。

在转型期间，康奈特也在不断地改变汤厨的业务方式。

康奈特认为，食品业的成功主要依靠四大支柱：品质、价值、便利、健康或养分。针对这四点，康奈特也分别提出了具体应对措施。

◎品质。康奈特针对汤厨现有的生产线发展高规格营销。此外，公司也推出了美食等级的冷冻汤品。

◎价值。这是汤厨一向强调的领域。每份汤厨产品只要 52 美分，康奈特开始增加广告，强调只要不到一美元，任何人都能享有一碗热汤加上一份三明治。

◎便利。这正是浓缩汤最初的卖点——只需加水、加热即可食用。对于这一点，汤厨开发出了可以放在微波炉容器中加热的汤品。此外，康奈特也开发出了最适合超市使用的机器，这种机器可以将汤品一一送至货架前，让消费者能够快速地找到想要的口味。

◎健康或养分。汤厨的实验室在这一领域有重大突破，发现只要使用低钠海盐，就能达到低钠、无味精，但口味完全不打折的效果。这种产品在 2007 年推出，立刻成为该年度最热销的超市商品，销售额达到 1.01 亿美元。2010 年，低钠盐浓缩汤的销售额超过 6.5 亿美元。此外，汤厨旗下的非汤类产品，比如蔬果汁、饼干、调味品等，也各自打下了一片天地。

除了继续在四大支柱上努力，康奈特也拓展了汤厨的国际业务。汤厨目前在全球 120 个国家销售，每年的销售额达 80 亿美元，但这仍然只占全球汤品市场份额的 6%。美国每年销售 150 亿份汤品，俄罗斯销售 320 亿份，而中国则高达 3000 亿份。汤厨现在正在不断地扩大这些市场，并已开始销售汤头，让人们可以在家煮出自己的汤。

总体而言，汤厨现在已经站稳脚跟。从这个

成功转型的案例中，我们可以学到以下经验。

1. 要有远见和计划

成功不会在一夜之间到来。康奈特制订了10年发展计划。

2. 面对与公司文化不合拍的员工，必须有裁员的魄力

康奈特将汤厨高层的350人解雇300人，听起来很极端，但为了调整公司方向，这种严厉的措施还是必要的。这是一个艰难但正确的决定。如果有员工无法认同公司的愿景，就得请他们另寻出路。

3. 关于如何为顾客创造更多价值，必须讲得一清二楚

提升公司效率比提升销售额更容易。换句话说，要让业务成长，需要别出心裁，而要让成本降低，则通常需要更有纪律，而且要确保员工达成共识、目标相同。

4. 分享回报

公司成长时，也要让股东受益。汤厨进入俄罗斯和中国等新市场，就是要为股东创造更大的价值。公司要投入时间和金钱，才能在这些市场有所收获，才能回报股东。

5. 要愿意翻开新的一页

要和过去彻底切断，积极面对新任务。在转型的过程中，每天都会出现新的挑战，你只能正面迎战，才能继续前进。

关键思维

真正伟大的企业家，特点之一就是知道自己也可能犯错。道格·康奈特犯错的时候就会承认错误，而不是假装没有问题，也不会把错误推到其他人身上。他会直接承认失败，并承诺会改进。

——吉姆·钱皮

我们必须先在工作中获胜，最后才能在市场

上获胜。

——道格·康奈特

企业的价值，来自所有员工的经验和才智，而最能挖掘出这项巨大资源、激励公司创造价值的，绝不是独裁式的领导者，而是像道格·康奈特这种人，他能敏锐地感受到员工的需求和欲望，把员工当做伙伴而非奴隶，而且愿意承认决策失误。

——吉姆·钱皮

五 提升品质

21 世纪企业竞逐的目标，就是要在不牺牲品质的前提下提高效率。如果能在运营的各个价格点上推出优质的产品，企业就能无往不利。如果能在降低成本的同时维持甚至提升品质，企业就能拥有较大的竞争优势。

酿酒属于劳动力密集的行业。最好的葡萄酒，需要由有耐心的工匠手工修剪葡萄枝，并在葡萄成熟后一挂一挂地采摘，再由酿酒师来挑选葡萄，并依据葡萄的特性进行加压和发酵，然后将其装在橡木桶中，等到发酵好后再装瓶，送到真正有品位的客户手中。

弗兰克·伍兹原本是宝洁公司的一位主管，进入酿酒业几乎是个意外。他在美国加州的索诺玛买了一套房子，刚好这套房子附带一个葡萄园。他觉得把葡萄卖给附近酒厂是个好主意，所以他找了一群投资人，购入了更多的土地。然而，1974 年加州酿酒业一片萧条，没有酒厂购买葡萄，因此伍兹决定自己酿酒，推出自己的酿酒品牌，名为“宝林庄”（CLOS DU BOIS）的高档酒庄就此诞生。

伍兹雄心勃勃地给自己定下了一个目标——做出“所有人都喜欢的酒”。要做到这一点，他的酒就需要有法国好酒的风味，没有不好的丹宁味，也没有加州葡萄酒典型的丰富果味。更具挑战的是，1974 年的酒还在大桶中，而 1975 年的葡萄已接近成熟。也就是说，他必须在很短的时间内解决这个问题——看清市场、写出商业计划、把酒装瓶并卖掉。

他原本想将他的酒命名为“伍兹葡萄园”，但他的妻子认为这听起来太平淡无奇。最后他们决定用“CLOS DU BOIS”这个法文名称，虽然语义相同，但听起来比较高档。

由于没有任何广告预算，伍兹决定采取三管齐下的销售策略。

◎先以具有竞争力的价格，将葡萄酒卖给餐厅和俱乐部，顾客在酒单上看到这个名称，就会觉得这应该是好酒。

◎参加所有酒类比赛，以此打出名声。只要获胜，媒体就会注意到并进行报道。

◎培训经销商的业务代表，告诉他们这种酒的优点是什么。

1975 年，伍兹共卖出了 3000 箱葡萄酒，此后两年其业绩增长了一倍。1985 年，他销售了 20 万箱。伍兹发现，如果想要达到一年 50 万箱的销售量，他必须投资大约 200 到 400 万美元购入更好的设备。在寻找所需资金的时候，他引起了联合多美集团的注意，该集团收购了他的公司。但联合多美在 2008 年将其卖给了星座葡萄酒公司。

伍兹一心要酿造超水准的葡萄酒，希望他的

酒在每一个价格点上都能卓然挺立。

为了实现这一目标，伍兹在技术和管理上进行了改进和加强。

◎引进机械摘收葡萄，并安装高速装瓶的生产线。此后，公司的80名工人一年就能生产200万箱葡萄酒，而且降低了一半的装瓶成本。

◎使用先进的影像技术，监控生产流程，提高品质控制能力。

◎开发并使用高速离心机，使沉渣快速从酒中滤出。

◎引进智慧流程，有效管理昂贵的法国橡木桶。

伍兹的经验表明，做好以下5点，才能确实提高产品品质，又能降低成本。

1. 用效率来支持品质的思维

要建立用效率来支持品质的思维方式，不要认为品质比效率重要。保守的人认为，品质是手工制作商品的代名词，但若能开发出效率更高、成本更低的业务流程，省下的资金就可用来开发更好的产品。在任何一方省下成本，就代表可以在另一方投入更多资金。

2. 找出确实能提高品质的方法

在每一个行业，都会有能使产品品质更佳的运营模式。

3. 永远力求全面的品质

一定要找出你会感到自豪的一个产品线，生产优质产品。现在的顾客无比精明、选择也多，不会支持低劣的产品。

4. 关注经销渠道

就算是再好的产品，也需要通过一定的渠道销售。

5. 不断成长

不要自我设限，要让你的企业不断向上成长。你唯一要做的就是找出规模扩张到一定程度后会影响品质的点，并且加以调整。

关键思维

特别是在经济不景气的时候，很容易让降低成本成为唯一的目标，而偏离了公司整体的使命。如果只想省钱就背离了这项目标，只会适得其反；省下成本却未能有益于目标，就是一种浪费。

——吉姆·钱皮

六　结论

商业最有趣的一点就是没有一个模式绝对保证成功。你必须针对自己的公司所在的行业、自己的资产组合，找出真正有用的方法。最好先从别人成功的案例中找出一般原则，再依照自己企业的特点加以调整利用。

在 21 世纪，想在商业上出人头地，有几件事必须谨记在心。

1. 双向并进

想在今日的世界胜出，你必须同时处理两项相互冲突的目标：一方面要降低成本，另一方面要为客户创造更多价值。至于该如何达到这种平衡，就是各家公司的独门秘方了。

多数公司都自然而然地想用降低成本来提升业绩，但如果只是降低成本，就可能也降低了公司的能力、产品品质和服务水准。想让客户在经济不景气的时候仍然上门，就一定要为客户创造出更多价值。

2. 将重点放在改进

想在动荡的经济局势中取得成功，必须不断改善你的产品，并不断寻找下列问题的答案。

◎如何提高产品品质？

◎我们的服务模式，哪里还可以再改进？

◎我们要怎样做，才能推出最好的产品和服务，并超越我们的竞争对手？

◎我们目前的成本集中在何处？有没有办法立刻减少成本？

3. 向外看

经济不景气的时候，企业很容易产生向内看的倾向。这样就像先躲起来避风头，可能会错过唾手可得的机会，不见得是最佳的方法。

4. 设立远大的目标

当你已经知道自己的现况、如何增加价值以

及怎样提高效率时，就要设立目标并确定如何实现，包括时间表以及用来评估进展的标准。

5. 在集中和下放之间达到良好平衡

多数提高效率的方案都会建议职能和流程应该集中。这可能是正确的，但需要再斟酌。要弄清楚哪些流程应该集中、哪些流程又应该下放，而这之间的平衡点需要良好的商业判断。

6. 整合与协作

一项业务如果牵扯到许多部门，往往在彼此交接之间就会降低效率、出现问题。也正因如此，企业才会对品管方案和精实生产方法感兴趣。如果现在的职能已经太过分散，至少得想出办法让各个部门能够合作。

7. 重视员工

除非员工有所改变或是采用新技术，否则公司内部不会有改变。即便你设计出了世上最佳的策略、系统和架构，如果员工没有和你同心协力、做他们该做的事，你的计划也不可能成功。

8. 用效率来提升品质

如果执行业务的流程更有效率，就会有更多资源来提升品质。因此，在设定策略的时候，效率和品质要相辅相成，而不是互扯后腿。

9. 纵观全局，从上到下

高层或资深主管太久没和顾客接触，作出了糟糕的决定，这种事例在商业运行中并不少见。由于主管人员确实不是天天和顾客接触，这种情形也就很容易发生。如果你希望企业能够向前发展，就要注意顾客都在想什么、供应商都在说什么、经销商又提了什么建议。如果你能纵观全局，就能作出明智的决定。此外，你还能知道自己何时该出手干预、何时又该退居幕后。

10. 绝不拖延

如果你的商业模式运作疲软，不管是大环境的影响还是竞争对手太强，都要立刻加以处理。拖得越久行动就越难，面对的问题也就越大。虽然说“一切总有希望”，但商业上的问题，没人去处理就不可能自己变好。无为而治只会使事情变得更糟，所以该做什么，就马上去做吧！

11. 付诸行动

如果因为“这不在今年的预算里”，或是“这和计划不一样”，就犹豫不前，迟早会有人立刻付诸行动，然后将你抛在身后。

12. 从积极的角度来看危机

有人问经济学家保罗·塞缪尔森，如果出现重大货币危机，他会怎么办。他回答说：“太阳明天还是会出来，桥上还是会有车来来去去。”换句话说，无论现在情势看起来多可怕，其实都没什么好担心的。下滑的市场总是会出现反弹，新的机会也将不断出现。

关键思维

我发现，那些不断成长的公司，都有两个特征。首先，他们会清楚地了解，该用什么样的管理流程才能带来改变。其次，执行该项计划的时候，则会展现出对各项管理基本的投入，即稳定一致地重视各项目标、纪律和细节。

企业家认为，“改造”是他们所面临的许多问题的答案。我可以肯定地说，从现在的经济形势来看，企业改造的需求极为强烈。在这种环境下，降低成本的压力会很大。而最明显的风险则是节省过头，反而不幸地损害了能力、产品品质和服务，这不但无法赢得新客户，连旧客户也留不住。但也有另一种方法，即你可以专心地提升运营效率，并以此创造价值。这些把省下的成本转为投资的公司，不只可以维持竞争地位，甚至会成为行业的领先者。

现今的经济局势十分严峻，大型项目很难找到投资。其实最丰富的资源就藏在公司的日常运营之中，睿智的领导者可以通过重新思考、重新安排公司的日常业务活动，便可完成看似不可能完成的任务、创造更多的收益。

——吉姆·钱皮